R. 2238.

23.

11570

ESSAI

SUR LES BORNES

DES

CONNOISSANCES

HUMAINES.

Par Jacques Nicolas moreau
d'après Barbier.

ESSAI
SUR LES BORNES
DES
CONNOISSANCES
HUMAINES,

Par M. G. V.re D. V.

NOUVELLE EDITION, à laquelle on a joint une Lettre du même Auteur sur la Tolérance.

A LAUSANNE;

Se trouve A PARIS,

Chez { MÉRIGOT, le jeune, } Libraires ; quai des
{ EUGENE ONFROY, } Augustins.
{ BARROIS le jeune, }

M. DCC. LXXXV.

AVERTISSEMENT
DE L'EDITEUR,

Tel qu'il est en tête de la première Edition.

CET Essai fut composé en 1765, par un homme accoutumé à méditer profondément les vérités de la Religion. Il avoit lu la *Profession de foi du Vicaire Savoyard*; & voulut prouver, par cet écrit, qu'il y avoit en France des Vicaires qui, sans imposer silence à leur raison, croyoient en devoir faire un tout autre usage. L'honnête Ecclésiastique, que l'on ne fera connoître ici que par les lettres initiales de son nom, a dans la suite été chargé d'une Cure en Picardie, & il y a bien des années que l'on n'a eu de ses nouvelles (*a*). Son dessein

---

(*a*) Instruit des succès de la première Edition de cet *Essai*, il a depuis écrit à l'Editeur une Lettre qu'il lui a permis de donner au public, & qu'on a insérée dans ce petit volume.

avoit été d'abord de donner sa produc-
tion au Public ; on le voit par l'aver-
tissement qu'il mit en tête. Quelques
difficultés s'opposèrent à ce projet :
mais une copie de cet ouvrage ayant
été prêtée, par un des amis de l'Auteur,
à une femme respectable, sur qui cette
lecture fit la plus grande impression, &
qui depuis ce tems-là a laissé perdre
cette copie ; cet ami a cru devoir livrer
à l'impression la seule qui lui restât, &
prévenir ainsi les éditions furtives &
peu soignées que l'on pourroit en donner
par la suite. On peut compter sur la
fidélité & l'exactitude de celle-ci.

AVERTISSEMENT

DE L'AUTEUR.

J'AI cru réunir dans cet Ouvrage des vérités utiles ; je les ai préfentées telles que je les apperçois. Mais comme chacun a fa manière de voir, & comme, en matière de Religion, je ne regarde comme certain que ce que l'Eglife nous enfeigne comme révélé, je déclare que s'il s'eft gliffé dans mes expreffions quelque chofe de contraire à la pureté & à l'exactitude de fa Doctrine, je fuis prêt d'y changer tout ce que les Pafteurs trouveront de répréhenfible. Quiconque me lira jufqu'au bout, verra combien je refpecte fincèrement la Religion & l'autorité par laquelle notre foi a été fixée. Humblement foumis

à cette autorité à laquelle il eſt ſi
raiſonnable de s'en rapporter ſur
ces matières, j'ai voulu, au contraire, ſubſtituer cette voie auſſi
ſûre que paiſible de recevoir les
vérités théologiques, à ces diſ-
cuſſions ſi ſavantes, ſi tumultueuſes
& quelquefois ſi aigres, par leſ-
quelles l'eſprit humain croit les
découvrir ; mais, comme après
tout, il s'en faut bien qu'il me ſoit
révélé que j'aie raiſon en tout, ſi
l'Egliſe & ſes premiers Paſteurs
ne m'imputent aucune indocilité,
je conſens que bien des Lecteurs
me contrediſent , & même que
quelques Théologiens me con-
damnent.

ESSAI

ESSAI
SUR LES BORNES
DES
CONNOISSANCES HUMAINES.

L'HOMME est deftiné au bonheur, & la vérité ne lui fut donnée que pour l'y conduire. Le plaifir de la découvrir eft une de fes jouiffances, & le defir qu'il a de la connoître eft le plus infatiable de fes goûts.

La curiofité qui fe manifefte en nous dès notre enfance, indique donc un de nos premiers befoins ; elle eft à l'ame ce que la faim eft au corps.

Mais de ces deux éfpèces de defirs naturels, pourquoi celui qui fe rap-

A

porte à la confervation de notre corps
ceffe-t-il auffi-tôt que le befoin eft fatisfait, & pourquoi au contraire celui qui
nous porte à chercher la vérité, aug-
mente-t-il à mefure que nous l'embraf-
fons ? Pourquoi eft-il un de ceux qui ne
difent jamais, c'eft affez ?

L'Auteur de la Nature n'a point donné
à l'homme des appétits ftériles ; tout
defir, que dans cette vie la jouiffance ne
fait qu'augmenter encore, ne fera plei-
nement fatisfait que dans l'autre. Tels
font chez nous l'amour de la gloire, le
defir de la grandeur, l'ardeur qui nous
porte vers la félicité. Si donc notre ame
n'eft jamais laffe de découvrir, ni raffa-
fiée de connoître, c'eft que le terme qui
doit borner nos connoiffances n'eft point
fur la terre.

Mais, fi le defir n'a point de bornes,
en peut-on dire autant des forces de
l'organe deftiné à le fatisfaire ? L'ardeur
que nous avons de connoître, s'élance
fans ceffe vers l'infini ; la raifon qui
nous fut donnée pour connoître, apperçoit de tous côtés des barrières autour d'elle.

Mais fi, au-delà des bornes qui cir-
confcrivent fon action, elle peut s'af-

surer qu'il existe encore une foule innombrable de vérités inaccessibles à notre
intelligence actuelle, notre passion peut
n'être point satisfaite dans cette vie,
mais elle n'est point vaine pour cela ;
car elle nous indique la fin qui nous attend au delà de cette durée passagère.
La raison cherche & desire ici, ce qu'elle
ne trouvera & dont elle ne jouira qu'a-
lors.

Cette différence entre deux états,
auxquels nous fûmes également destinés,
est sans doute l'unique solution du problême que présente ce contraste unique
lui-même, d'un desir infini placé à côté
d'une puissance si bornée.

En effet, s'il y a pour l'homme deux
genres de bonheur, il y a aussi, par rapport à lui, deux espèces de vérités qui
doivent lui fournir les moyens de les
acquérir.

Dieu voulut qu'il fût heureux sur la
terre, & il rassembla autour de lui tout
ce qui suffisoit à son bien-être ; mais il
lui avoit donné une ame immortelle ;
il voulut qu'il fût encore heureux dans
une autre vie, & il se réserva de lui
faire connoître les moyens de la mériter.

L'homme, dans celle-ci, doit être l'artisan de son bonheur : il a donc dû en calculer les moyens, il a dû trouver lui même les vérités qui y sont relatives.

La félicité qui l'attend après sa mort est au contraire au-dessus de son entendement ; il en est de même des vérités qui l'y conduisent ; que lui serviroit de les comprendre ? Il ne doit que croire & agir, il les reçoit immédiatement de la révélation.

Mais, soit qu'une vérité soit clairement apperçue par la raison, soit qu'elle nous soit attestée par la révélation, il est du moins certain que la première doit toujours juger le motif que nous avons de croire. Dieu a donné à l'homme l'intelligence & le raisonnement, c'est la première faculté dont il doive faire usage ; il agit conformément à l'ordre de Dieu, toutes les fois qu'il examine s'il doit croire. La vérité agit-elle immédiatement sur lui ? frappé de sa lumière, il ne peut pas plus lui refuser son acquiescement, qu'il ne peut s'empêcher de voir en ouvrant les yeux. Dieu même semble lui dire : me voilà. Sa présence bannit toute incertitude, &

la raifon fatisfaite ceffe de chercher &
d'interroger.

Si au contraire la vérité ne frappe pas
immédiatement notre efprit, fi ce qu'on
lui propofe eft au-deffus de fes notions
communes, il peut croire fans comprendre, mais alors même il ne croit pas
en aveugle; il foumet fa raifon, mais
il ne l'enchaîne pas; elle apperçoit
clairement le motif de fon acquiefcement : car il eft évident pour elle que
Dieu ne peut la tromper; & s'il l'eft
également que Dieu a parlé, l'objet de
fa croyance peut être encore obfcur,
mais il ceffe d'être douteux.

La raifon eft donc très-certainement
le premier moyen par lequel Dieu fe
communique à nous comme vérité; elle
n'eft pas toujours chargée d'expliquer à
l'homme ce qu'il croit, mais elle a
toujours droit de prononcer fur les motifs qu'il a de croire.

Avant même la première défobéiffance, il exifta une révélation. Dieu
fe communiquoit immédiatement à
l'homme; il l'inftruifoit de ceux de fes
devoirs que la raifon ne lui faifoit point
appercevoir : mais la préfence vifible
de l'Etre Suprême étoit une évidence

plus frappante encore que celle qui a befoin du raifonnement.

Lorfque les lumières naturelles eurent été obfcurcies par le péché, lorfque la volonté de l'homme eut été dépravée, la révélation n'en devint que plus néceffaire ; mais en perdant une partie de la lumière qui l'accompagnoit, elle exigea plus de foumiffion & de docilité, & le devoir de croire ce que l'on ne comprenoit pas, fit partie de la réparation prefcrite à l'orgueil.

Il réfulte de ce que je viens de dire, que les vérités apperçues, & les vérités révélées, font également la voix de Dieu qui nous inftruit, & que, différentes pour l'ame qui les reçoit, elles peuvent être de la même nature dans la fource d'où elles coulent jufqu'à nous ; toutes ont fans doute entre elles une chaîne commune qui les lie ; & fi notre vue eft trop bornée aujourd'hui pour en appercevoir toute l'étendue, un jour viendra où ces bornes reculées nous laifferont parcourir cet immenfe océan de vérités contiguës, dont plufieurs ne font aujourd'hui pour nous des myftères, que parce que nous ne pouvons faifir les rapports qu'elles ont entre elles.

Dieu a livré à notre curioſité & à nos recherches, le tréſor infini des vérités; mais il a bien ſu que notre raiſon qui eſt ſon ouvrage, & dont il connoît la portée, ne s'enfonceroit pas beaucoup dans ce magaſin immenſe; il a donc choiſi dans ſa profondeur quelques vérités iſolées qu'il nous a ordonné de croire ſur ſa parole, & auxquelles nous n'aurions jamais pu atteindre. Tel eſt l'hommage qu'il a exigé de notre intelligence, en attendant qu'un jour notre raiſon plus éclairée, plus étendue, plus forte, franchiſſe l'eſpace qui ſépare les unes des autres.

Il réſulte encore de tout ceci, que jamais une vérité révélée ne peut être contradictoire avec une vérité clairement apperçue; car Dieu ne ſauroit être oppoſé à lui-même, & il ne peut nous ordonner, par la révélation, de croire le contraire de ce qu'il nous dit par la raiſon.

Cette propoſition que je crois démontrée ſe vérifiera parfaitement, toutes les fois que l'on voudra examiner de bonne foi les raiſonnemens captieux par leſquels les Impies, pour ſapper les fondemens de la Religion, cherchent à

A iv

mettre ses dogmes en contradiction avec
l'évidence. Je ne leur expliquerai point
nos mystères, disoit Leibnitz, en réfu-
tant Bayle, mais je leur prouverai la
foiblesse des raisonnemens qu'ils leur
opposent (*a*); je ne me chargerai point
de concilier le fait qui m'est révélé, avec
les vérités que la raison me démontre:
il faudroit appercevoir des rapports qui
sont trop loin de moi, il faudroit connoître toute une chaîne dont je n'apperçois que quelques anneaux; mais je
démontrerai du moins que ces rapports
ne sont point impossibles; je prouverai
à l'Impie qu'il suppose l'inconciliabi-
lité entre des termes qui'l ne connoît
pas (*b*).

_____

(*a*) Réponse de Leibnitz à Bayle, petit Ouvrage imprimé à la suite de la Théodicée.

(*b*) Appuyons ceci sur des exemples; la
matière en vaut la peine. Une Religion qui me
diroit : trois Dieux ne font qu'un Dieu, ou
trois personnes n'en font qu'une, seroit une
Religion absurde; je manquerois à l'Etre Suprême si j'osois le supposer l'Auteur d'une
pareille révélation; mais la Religion chrétienne
dit : trois personnes en Dieu ne font qu'un
seul Dieu. Et comment l'Impie prouvera-t-il
que cette proposition est contraire à l'essence

Tout ce qui frappe nos sens, tout ce qui dès-là est destiné à notre bien-être dans cette vie, ne peut être jugé qu'avec le secours de la raison ; mais celle-ci même ne nous apprend pas tout, & nos connoissances naturelles se bornent aux objets qui peuvent nous être de quelque utilité. Nous calculons le cours des astres, nous mesurons leur distance, mais nous ignorons ce que

des choses ? Qu'il me réponde avant que de l'entreprendre. A-t-il une idée parfaite & entière de la Divinité ? Peut-il expliquer son essence & sa manière d'être ? Sait-il ce qui est en elle, intelligence, amour & volonté ? O s'il ne connoît cet Etre Suprême que par quelques-uns de ses attributs, & par plusieurs de ses bienfaits, s'il ignore ce qu'il est en lui même, comment peut-il trouver de la contradiction entre des termes dont il n'a aucune idée ? Il en est de même de tous les autres mystères. Quiconque voudra attaquer avec succès le dogme de la présence réelle, doit commencer par se procurer une connoissance sûre & exacte de toutes les propriétés de la matière, sur laquelle on dispute depuis deux mille ans ; celui qui voudra me prouver qu'il est impossible d'accorder la liberté & la prédestination, doit avant tout m'expliquer ce que c'est que le tems & l'éternité.

A v

font les aftres. Le vent enfle les voiles
de nos vaiffeaux , & fait tourner nos
moulins ; le feu eft pour nous d'un ufage
univerfel : demandez au Philofophe le
plus habile d'où vient le vent & ce que
c'eft que le feu ; s'il eft de bonne foi,
il avouera fon ignorance ; il y a même
des chofes que notre curiofité cherche-
roit en vain, & qui feront toujours cou-
vertes pour nous d'une obfcurité impénétrable. Il n'y a rien dont nous tirions
plus de fervice que des animaux , rien
qui nous foit plus inconnu que le principe qui les fait agir. Pourquoi ? C'eft
que cette connoiffance ne nous condui-
roit à rien ; c'eft que Dieu a voulu que
même les objets foumis à l'examen de
notre raifon , l'avertiffent des bornes
dans lefquelles il l'a refferrée.

Si la raifon ne nous apprend que ce
qui peut nous être utile dans cette vie ,
la foi ne nous révèle auffi que ce qui
peut nous fervir à mériter l'autre. Elle
a donc auffi fes bornes , au-delà def-
quelles Dieu n'a pas voulu que nous
portaffions notre curiofité. Par-delà ces
limites facrées , il peut y avoir, il y a
fans doute encore des vérités , mais il
eft inutile & dangereux de les chercher;

inutile, parce qu'elles n'ajouteroient rien
aux moyens qui nous ont été donnés
pour obtenir le bonheur de l'autre vie ;
dangereux, parce que les dogmes de
notre foi étant un dépôt qu'il nous est
ordonné de conserver, tout ce que l'on
voudroit y ajouter peut le corrompre &
l'altérer.

L'abus de la raison dans les choses
naturelles a produit les faux systêmes ;
l'abus de la raison dans les choses de
la foi a produit les hérésies. La plupart des erreurs qui ont égaré le genre
humain, sont dues aux imaginations des
Philosophes & aux raisonnemens des
Théologiens (a).

Mais il y a deux différences bien im-

_____

(a) Que ce mot de Théologien n'effraye
ni n'offense personne. Je n'attaque point la
science, mais l'abus de la science, & je ne parle
que de ces Théologiens à systêmes, qui ont
trop raisonné sur des matières inexplicables.
J'appelle les vrais, les excellens Théologiens,
ces Savans qui, consultant sans cesse & les
Livres Saints & la Tradition, ont reçu de
l'Eglise la mission d'enseigner, mais non d'expliquer nos Mystères. Ces hommes respectables instruiront beaucoup, mais disputeront peu
& ne se querelleront jamais.

portantes entre les systêmes de Philosophie, & ceux de Religion. L'une est
que les Auteurs des premiers s'exerçant
dans une sphère qui n'étoit point étrangère à la raison, ont, chemin faisant,
découvert de très-importantes vérités
qui étoient de son ressort ; au lieu que
les Théologiens marchant à la lumière
de la raison dans des espaces qu'elle
n'est point faite pour éclairer, n'ont pu
s'assurer, avec certitude, d'aucunes de
leurs découvertes.

L'autre différence est que les systêmes de Philosophie n'étant donnés que
comme des hypothèses, ont pu nuire
aux progrès de la vérité, mais jamais
au repos de la Société ; aulieu que les
Théologiens ayant voulu amalgamer
leurs systêmes aux symboles de la Foi,
ont inquiété les consciences, & quelquefois troublé la tranquillité des Etats.

La raison & la révélation étant faites
pour conduire parallèlement l'homme,
l'une au bien-être de cette vie, l'autre
à une félicité qui lui a été promise au-
delà, pourquoi cherche-t-on sans cesse
à les mettre en contradiction ? Pourquoi au contraire ne pas examiner s'il
est un moyen d'empêcher qu'elles ne

puiſſent jamais ſe croiſer ? Pourquoi ſe
trouve-t-il des hommes cruels qui veulent enlever à leurs ſemblables ou les
reſſources du préſent , ou l'eſpérance
de l'avenir ? Les fondemens de la révélation une fois poſés , je voudrois
que la raiſon pût s'exercer ſans con-
trainte , & qu'elle fût bien perſuadée
qu'elle n'ira jamais juſqu'aux limites
qui ſéparent ſon domaine de celui de
la foi. Je voudrois que l'on pût montrer à toutes les deux le chemin qu'elles
doivent ſuivre. Que diront les Impies,
s'il eſt poſſible de leur démontrer que
ces deux lignes ne doivent jamais ni s'atteindre , ni ſe couper, parce que la raiſon & la foi ont l'une & l'autre un territoire qui leur eſt propre , & des limites
qu'elles ne franchiront jamais tant que
l'homme ne cherchera qu'à s'éclairer ?

§. Iᵉʳ.

Des Bornes de la Raiſon.

Il me ſemble que ceux qui n'ont jamais ceſſé de dire à l'intelligence humaine , *taiſez-vous* , n'ont pas fait aſſez
d'honneur à la Religion chrétienne ; il
eſt vrai que pluſieurs d'entre eux ont

quelquefois ofé confondre avec elle leurs propres opinions qu'il leur étoit important de dérober à l'examen. La Religion chrétienne n'avoit rien à redouter, mais ceux qui l'ont mal défendue ont fouvent eu raifon de craindre pour leur propre ouvrage. Le dirai-je? Les pieufes extravagances des gens de bien qui ont raifonné fur la Religion, & les fuperftitions qu'ils ont quelquefois voulu accréditer dans fon fein, lui ont fait autant de tort que l'infolence infenfée des Impies qui ont raifonné contre elle. Ceux-ci ont été de mauvaife foi (*a*); ils favoient bien que ce qu'ils attaquoient n'étoit point la Religion, mais il leur étoit important de

_____

(*a*) J'ai connu un homme qui avoit entrepris & bien avancé un fingulier Ouvrage. Dans la première partie, il prouvoit que la Conftitution *Unigenitus* étoit reçue de toute l'Eglife, & avoit les mêmes caractères que les Décrets du Concile de Nicée. Dans la feconde, il s'efforçoit de prouver que la Conftitution *Unigenitus* détruifoit tous les dogmes que l'Eglife croyoit au tems du Concile de Nicée. Ainfi, le même homme avoit eu la patience de faire un cours de Janfénifme pour trouver un argument contre le Chriftianifme.

'pouvoir dire , *j'ai détruit* ; & les eſprits
ſuperficiels en étoient la dupe.

Eſt-il néceſſaire de dire aux hommes :
Je vous défends d'aller dérober le feu
des étoiles , & vous êtes perdu à jamais
ſi vous êtes aſſez hardi pour planer (*)
dans les airs ? Dieu ne nous a point
donné d'ailes , mais il a voulu que nos
bras fuſſent libres , & il n'a point mis
d'entraves à nos pieds. Loin d'enchaîner notre raiſon déja ſi foible, ſi bornée,
cherchons au contraire à la fortifier &
à l'étendre ; qu'elle déploie hardiment
ſes facultés, qu'elle les exerce ſans ceſſe,
mais qu'elle ſache qu'elle n'eſt point
la raiſon univerſelle. Eſt-il beſoin même
de l'en avertir ? Ne l'éprouve-t-elle pas
à tout moment ? Tout ce qu'elle ſaiſit ,
tout ce qu'elle peut embraſſer eſt à elle :
ne lui fermez aucun chemin, mais exigez
d'elle de la bonne-foi ; il ne ſera pas
néceſſaire de l'avertir de s'arrêter. De
tous côtés il eſt des bornes au-delà deſ-
quelles je lui défie de s'avancer ; ainſi,
dire à notre raiſon , *ſoumettez-vous* , c'eſt
lui dire ſimplement , *ne tentez pas l'im-*
poſſible.

(*) Cet ouvrage a été fait en 1766. *Note de l'Editeur.*

Donnez-moi un homme qui joigne à un cœur droit, la faculté commune que nous avons tous de descendre du principe aux conséquences, & de passer de rapports en rapports jusqu'aux vérités les plus éloignées de nous, je n'exigerai d'un tel homme que l'attention de ne jamais enjamber d'une proposition à l'autre, qu'il ne se soit assuré de toutes les intermédiaires. Je lui laisserai tout parcourir, mais je veux qu'il n'aille que de proche en proche. C'est devant un pareil homme que j'aimerois à exposer la carte immense de toutes les connoissances & réelles & possibles. Je n'ai pas besoin de lui marquer sur cette carte, les bornes de notre domaine ; je lui dirai au contraire : reculez-les, s'il est possible ; tâchez d'entreprendre & de conquérir, mais assurez-vous toujours de vos derrières, & ne vous avancez jamais dans un pays inconnu, que vous ne soyez parfaitement au fait de celui par lequel vous aurez passé.

Cette carte sans bornes est l'Encyclopédie éternelle (*a*) ; elle n'est

_____

(*a*) L'un des plus grands génies que l'Angleterre ait produits, le Chancelier Bacon.

apperçue dans son immensité que de l'Etre Suprême & nécessaire : mais peut-être y a-t-il un nombre infini d'êtres intelligens au-dessus & au-dessous de l'homme, qui en connoissent quelques

---

avoit conçu l'idée d'un tableau dans lequel tous les objets de nos connoissances devoient être liés & contigus : son Encyclopédie n'eût été sans doute qu'une partie infiniment petite de cette carte universelle. On a cherché depuis en France, à remplir l'idée de cet illustre Anglois, en faisant un Dictionnaire dans lequel on a voulu renfermer tout ce que l'homme peut connoître. Je pense qu'il étoit très-difficile de faire une Encyclopédie dans la forme d'un Dictionnaire ; mais à cela près, & en supposant le projet de Bacon exécuté autant qu'il pouvoit l'être, les Savans hommes qui y ont travaillé, conviendront du moins qu'il y a dans leur Dictionnaire un très-grand nombre de mots que l'on peut regarder comme autant de gorges ou de défilés qui conduisent à des Pays immenses qui nous sont parfaitement inconnus : tels sont les mots de Dieu, d'Ame, de Matière, &c. &c. En-deçà de ces défilés il y a certainement des choses que nous connoissons sur ces objets ; mais ce n'est rien en comparaison de ce qui est au-delà. Les reproches que l'on a faits aux Auteurs de ces articles, sont peut-être fondés sur ce qu'ils ont trop parlé d'un pays qu'ils ne connoissoient pas, & qu'ils ont voulu en juger par celui qui étoit sous leurs yeux.

portions plus ou moins grandes, & de
la manière dont il a plu à Dieu de
les leur montrer. Tâchons d'appercevoir quel est le pays qui nous y appartient.

Dans la position que cette carte occupe vis-à-vis de nous, l'extrémité que
nous appercevons d'abord, & qui est le
plus à notre portée, renferme une multitude infinie d'effets qui ont tous avec
ños besoins un rapport immédiat & di-
rect. Etudier ces effets, les détailler,
les tourner à notre usage, les diriger à
notre bien-être, voilà la première & la
principale étude de l'homme ; tout ce
qu'il apperçoit a été mis là pour lui :
il remplit la destination des êtres qui
l'entourent, il suit la sienne, lorsqu'il
exerce sa raison sur ces objets; une multitude immense de livres ne nous apprend
pas autre chose, & ce sont les meilleurs.

Ces effets mêmes, qui sont le premier
aliment de notre raison, n'ont pas été
apperçus tous à-la-fois ; la découverte
de l'un nous a conduits à l'autre: telle
est la nature de l'homme, que dans cette
vie la jouissance d'un bien l'avertit qu'il
lui est possible de jouir d'un plus grand
bien encore. Son ame est donc toujours
en mouvement, ses desirs le poussent, sa

curioſité l'agite ; il parcourt , il cherche, il travaille, il ne reſte jamais oiſif ; il communique ſes vues , il multiplie ſes forces en ſe réuniſſant à ſes ſemblables ; il n'y a point de ſiècle que l'expérience n'ait inſtruit , point d'invention qui n'ait été féconde, point de beſoin qui n'ait donné naiſſance à un art , point d'art qui n'ait été étendu & perfectionné.

Au-delà de ces effets , qui ſont ſi fort à notre portée , ſe trouve la ſuite de leurs cauſes, placées les unes au-deſſus des autres dans une échelle dont nous appercevons plus ou moins de degrés, ſelon la meſure de ſagacité & d'application dont nous ſommes capables ; mais nous avons beau faire , notre vue n'atteindra jamais juſqu'au haut. C'eſt le long de cette échelle, en montant & en deſcendant, que notre curioſité s'exerce, & que notre raiſon s'éclaire. C'eſt dans cet eſpace ſi vaſte pour nous , mais ſi petit pour l'œil de l'Eternel, que notre intelligence tantôt s'élance d'une vérité à l'autre , pour remonter à des cauſes très-éloignées, qu'elle regarde comme des principes, & qui cependant ne ſont elles-mêmes que des effets dont la première cauſe eſt à une diſtance infinie

de nous ; tantôt descend de ces premières vérités pour saisir sur la route
une foule de connoissances qu'elle ne
s'étoit pas même flattée d'acquérir :
voilà le champ ouvert à la bonne &
saine logique de l'homme ; c'est là qu'il
peut saisir sans crainte tout ce qu'il ren-
contre ; c'est-là que se sont exercés les
vrais Philosophes ; c'est cet espace qu'ils
ont cent fois parcouru , & dans lequel
la curiosité louable du Genre-Humain
trouvera toujours , ou des découvertes,
ou des combinaisons nouvelles.

Mais cet espace même que l'homme
peut avec justice regarder comme son
domaine , ce vaste champ qu'il faut sans
cesse l'exhorter à fouiller & à parcourir ,
est-il entièrement & exactement connu ?
Non sans doute ; on y a perdu des
routes que nos Pères avoient parcourues , & tous les jours on en ouvre de
nouvelles , sans pouvoir deviner encore
jusqu'où elles nous conduiront. L'élec-
tricité est connue depuis un demi-siècle ;
son principe n'a point été abordé , &
vraisemblablement nous n'avons encore
saisi qu'un très-petit nombre de ses effets.
O hommes ! voilà votre sphère ; par-
courez-la sans cesse ; ne dites point , j'ai

tout vu ; la Nature plus féconde encore que votre curiosité n'est active, a des trésors immenses que vous n'épuiserez jamais ; ne craignez point de l'interroger, & croyez que la durée des siècles ne vous suffira pas pour imaginer toutes les questions auxquelles elle peut répondre.

Cette multitude infinie de connoissances à l'usage des hommes, supposent, comme on le voit, des êtres créés ; elles entrent dans notre ame, à l'aide de nos sens ; mais les objets qui les frappent, naissent, se détruisent, changent, passent & se succèdent sans cesse. Il est un autre genre de connoissances qui fait pour ainsi dire, le fond de l'espace dans lequel se meuvent & s'agitent tous les êtres que nous appercevons ; ce sont celles qui nous servent à en mesurer la marche, & à en calculer les effets ; c'est la science des rapports nécessaires qu'ils ont entre eux.

Ici notre ame est surprise de la lumière qui la frappe ; & cependant, il faut l'avouer, cette science qui a tant d'attrait pour elle, cette science qui ne lui laisse aucun doute, lui laisse encore beaucoup d'obscurités ; & dans ces calculs qui nous tracent une route si sûre au milieu des abîmes de l'infini, l'évidence nous conduit quelquefois jusqu'à l'incompréhensible.

Les mathématiques & la morale sont également fondées sur des rapports; mais ceux que les premières envisagent, sont des rapports de grandeur, & ceux dont la morale s'occupe, sont des rapports de destination : comme tous les êtres ont la leur, si tous les êtres étoient animés, ceux qui nous paroissent n'avoir que des loix physiques, auroient également des loix morales. Pourquoi donc la morale, avec quelques principes aussi certains que ceux de la géométrie, a-t-elle des incertitudes & des obscurités que l'on ne trouve point dans celle-ci ? C'est que la raison ne peut calculer que ce qu'elle voit clairement ; elle connoît les grandeurs, elle peut les mesurer, mais toutes les destinations de la substance qui pense ne sont pas si facilement apperçues ; & nous ne devons pas nous étonner que la révélation nous ait indiqué une partie de nos devoirs ; car notre ame, cet être si intimement senti, & si imparfaitement connu, notre ame éternelle dans sa durée, inexplicable dans son action, notre ame qui

compare ce qui eſt avec ce qui n'eſt
plus , & avec ce qui n'eſt point encore,
a ſans doute des rapports inconnus qui
s'étendent bien au-delà de l'eſpace que
ſa raiſon parcourt.

Les inſtitutions & les loix civiles ſont
à la morale ce que ſont les mécaniques
à la géométrie : celle-ci , auſſi-bien que
la morale , fournit les principes & les
règles ; les loix civiles & les mécaniques en font l'application , & inventent
les outils qui la rendent plus ſûre. Toutes
ces connoiſſances ſont encore notre bien,
leur but eſt de nous rendre heureux dans
l'état où la Nature nous a placés ; tout
ce qui peut ou augmenter le bon ordre
de la ſociété , ou ajouter aux plaiſirs
des individus qui la compoſent , peut
être l'objet & le terme naturel de nos
recherches. O raiſon humaine ! élance-
toi ſi tu veux au-delà de ce terme ; non-
ſeulement je te le permets , je t'y in-
vite ; mais ſois de bonne foi : les chimères peuvent t'occuper , mais la vérité ſeule eſt ton aliment , & dès que tu
ne prononceras que d'après l'évidence,
c'eſt d'après toi que je veux juger.

Par - delà les bornes que je viens
d'indiquer , il eſt ſans doute des vérités ;

mais quel rapport peuvent-elles avoir avec nous, si elles sont inutiles à notre bien-être? Ce que je connois le mieux, ce qui est le plus proche de moi, ce sont les effets. Je remonte aux causes successives & graduelles, & il faut nécessairement que je m'arrête où la lumière me manque. En conclurai-je qu'il n'y a rien par-delà? Non. Car cette dernière cause (a) ne me satisfait pas encore, & le dernier anneau de la chaîne où s'arrêtent mes connoissances, est sans doute infiniment éloigné du centre où tout aboutit.

C'est dans cet espace immense que se trouvent les trésors de l'Eternel; c'est-là qu'il apperçoit cet incompréhensible mécanisme dont il est l'auteur; c'est-là qu'il voit, & les élémens de tous les êtres qu'il a créés, & les rapports qu'il a établis entre eux, élémens & rapports qu'il nous est inutile de connoître & que nous chercherions en vain. C'est-là sans doute que réside le ressort

_____

(a) La Religion seule eût pu répondre à cette célèbre Reine de Prusse, la savante Sophie-Charlotte de Hanovre, que son ami Leibnitz trouvoit si difficile à contenter, & à qui il reprocha tant de fois qu'elle vouloit savoir le pourquoi du pourquoi.

qui donne le branle à des millions de
mondes ; les termes me manquent , je
me perds, je m'abîme dans l'immenfité ;
je n'y diftingue rien ; fa lumière m'aveugle & m'éblouit : mais Etre borné, atôme
imperceptible auquel Dieu cependant
a voulu révéler une partie infiniment
petite de fes ouvrages , aurai-je jamais
l'audace d'affurer qu'il n'y a rien à quoi
je ne puiffe atteindre, & que par - delà
les bornes de ma foible vue, il ne fe trouve pas des objets de connoiffance dont,
loin de pouvoir faifir la liaifon , je ne
puis même me former la moindre idée?

Je dis que Dieu m'a *révélé* une partie
infiniment petite de fes ouvrages , car
l'évidence même n'eft-elle pas une efpèce de révélation ? Quelle relation
y a-t-il entre mon ame qui apperçoit,
& tous les Etres dans lefquels elle découvre fucceffivement & quelques-unes
de leurs qualités, & plufieurs de leurs
rapports? Rien ne reffemble moins aux
corps qui nous environnent , que cette
fubftance dont toutes les opérations
m'avertiffent de fon unité & de fa fim-
plicité. Cependant ce font les corps que
l'œil de l'ame apperçoit ; elle fe fent,
mais elle fe connoît moins qu'elle ne

B

connoît les êtres avec lesquels elle a
le moins d'analogie. Qui me découvrira
la cause physique de ces incompréhensibles effets ? Dieu l'a placée au milieu
de cette lumière éternelle qui environne
son trône. Ce que je sens, & dont ma
foiblesse même suffit pour me convaincre, c'est que la source de toutes mes
connoissances est en Dieu, & qu'en me
donnant cet organe immatériel, (que
l'on me passe ce terme) qui apperçoit
par la raison, les vérités évidentes, il
me les a réellement révélées, puisqu'il
est l'auteur & l'inventeur de cet organe,
que sa sagesse a modifié d'une manière
qui n'est compréhensible qu'à lui ; &
qui, elle-même, est pour moi le plus
grand des mystères.

Il n'y a donc, par rapport à la manière
de recevoir les vérités, d'autre différence
entre celles que la raison nous découvre & celles que la foi nous apprend,
sinon qu'en nous montrant les premières,
Dieu cache ses bienfaits, & a bien voulu que l'homme pût les attribuer à son
travail & à ses recherches ; à-peu-près
comme il nous donne les fruits que nous
croyons arracher du sein de la terre par
la culture. Quant aux vérités de foi, il

les a manifeſtées immédiatement à l'homme ; mais ce que je ſais, c'eſt que c'eſt le même Maître qui me parle de l'une & de l'autre manière, & qu ſi l'on y réfléchit bien, l'une & l'autre ſont peut-être également au-deſſus de notre intelligence.

Si Dieu faiſoit tomber du Ciel la nour-riture de l'homme, lorſque celui-ci la lui demande, averti par ſes beſoins, nous n'aurions pu imaginer aucun mé-caniſme pour expliquer ce bienfait, & nous aurions été forcés de l'attribuer à l'action immédiate de l'Etre Suprême. Voilà comme il répand ſur nous les lu-mières que la foi nous découvre. Je de-mande d'abord qui oſera dire que dans cette dernière manière d'inſtruire l'hom-me, il y ait rien qui implique contra-diction ? Je demande en ſecond lieu, ſi nous concevons avec bien plus de net-teté & de précifion, comment il nous éclaire par l'évidence ? Ce que je ſens, c'eſt que l'évidence me frappe ; mais la manière dont elle me frappe, ſon rap-port avec mon ame, & ſon irréſiſtible pouvoir, ſont pour moi des vérités au-tant au-deſſus de mon entendement que le dogme le plus ſublime de la Religion.

Cette évidence est, selon moi, la preuve la plus invincible de l'existence d'un Etre Suprême. Lorsqu'une grande vérité me subjugue, j'éprouve l'action immédiate de l'Eternel ; je fais plus que croire en Dieu, je le sens.

Que sont donc les dogmes que la Religion seule nous révèle ? Des petites portions détachées de cette chaîne infinie de vérités ; intervalle de lumière environné de toutes parts de ténèbres, au milieu desquelles je ne distingue que des objets qui ne tiennent à rien de ce que j'ai découvert par ma raison, & où tout me paroît à une distance infinie de ces premières vérités, que j'ai regardées comme les principes de mes connoissances : mais de ce que je n'apperçois point les liaisons, s'enfuit-il qu'elles n'existent pas ? Ce qui est par rapport à moi sous le nuage, ne peut-il pas être très-clair pour des êtres qui seroient entre le nuage & moi ? Ne peut-il pas être évident pour moi-même, lorsque le nuage sera dissipé ? Saint Paul a donc eu raison de dire que dans l'autre vie, la foi ne subsisteroit plus. Ce qui me semble aujourd'hui incompréhensible, parce que je n'apperçois que des vérités isolées, me paroîtra sans doute alors l'évidence même, lorsque je serai plongé dans cet océan de lumières, dont je ne reçois que quelques rayons échappés.

Si donc le premier mouvement de notre esprit est de refuser son acquiescement à ces sortes de vérités, qui sont si fort au-dessus de son intelligence, ce n'est pas qu'il soit en état d'en prouver la fausseté ; car, par la même raison qu'il n'apperçoit pas que la proposition est vraie, il ne peut non plus démontrer qu'elle ne l'est pas : il lui faudroit pour l'assertion, & pour la négation, des rapports & des termes de comparaison qu'il n'a pas (*a*).

Supposons donc qu'un homme vienne, de son autorité privée, enseigner au Genre Humain une doctrine inconcevable, & qui n'ait aucune analogie avec ce que sa raison a jusqu'ici apperçu, il sera très-raisonnable de lui dire : *Je ne vous crois pas ;* mais il ne le sera pas toujours également de lui dire : *Ce que vous dites est faux.* Pour rejeter ce que

---

(*a*) Voyez à la fin de cet ouvrage une Note importante trouvée dans les papiers de l'Auteur.

je ne comprends pas, il me suffit qu'il ne puisse se lier dans mon esprit avec les idées que Dieu même m'a données. Mais pour assurer que ce que je rejette est faux, il faut que je puisse démontrer que ce que je ne comprends pas est contradictoire avec ces mêmes idées ; il faut, pour établir la fausseté d'une proposition, que je puisse présenter une vérité évidente, qui soit inconciliable avec elle : car, lorsque l'on dit que *le faux ne se prouve pas*, on a raison si l'on entend qu'il suffit, pour le rejeter, d'attaquer & de détruire la preuve sur laquelle on a voulu l'établir ; mais si l'on veut éclairer les hommes en leur démontrant que telle assertion doit être irrévocablement proscrite, il faut aller jusqu'à leur offrir une assertion contradictoire, qu'ils ne puissent abandonner, sans cesser d'être raisonnables.

Aussi, lorsque la Religion, aussi ancienne que le monde, a promis aux hommes un Libérateur, & le leur a ensuite montré, elle ne s'est point fondée sur une autorité humaine. Adam & les Patriarches ne disoient point à leurs enfans : croyez-m'en sur ma parole ; les Apôtres n'ont point tenu non plus ce langage. Jésus-Christ, l'Auteur & le Consommateur de la foi, a présenté aux hommes les preuves de sa mission divine, & ces preuves, toutes de fait, sont encore du district de notre raison : elles n'ont pas pour but de faire comprendre les vérités révélées, mais d'établir qu'il est souverainement raisonnable de les croire sans les comprendre. Toutes les preuves de la Religion se réduisent donc à établir ce fait unique : *Dieu a parlé, & a révélé telles & telles vérités;* or ce fait, notre raison en est juge.

Mon objet n'est point de réunir ici toutes les preuves qui l'ont invinciblement établi : malheur à l'homme qui doute & qui refuse d'examiner ! Malheur à l'aveuglement stupide & brutal de celui qui, sentant en lui un principe supérieur à tout ce qu'il apperçoit, un principe dont il ne peut concevoir sans effort l'absolue destruction & l'anéantissement, ne prend pas seulement la peine d'examiner s'il n'auroit point une destination différente de celle des êtres qu'il voit périr & se renouveller autour de lui!

Je ne veux que faire appercevoir ici les limites qui séparent le domaine de la foi de celui de la raison. Je veux prou-

ver également, & l'impuissance des argumens par lesquels on attaque la première, & l'inutilité des efforts que l'on
fait pour imposer silence à la seconde.
Que les hommes soient de bonne foi ;
que marchant à l'aide de l'un & l'autre
flambeau que Dieu leur donna pour se
conduire, ils cherchent sans passion &
sans partialité, ce qui est, & non ce
qu'il leur paroît intéressant de croire &
d'enseigner ; la Religion sainte de Jésus-
Christ ne sera ni attaquée par l'impiété,
ni décréditée par la superstition. La Philosophie, respectant les bornes qui l'arrêtent, condamnera elle même l'audace
de ceux qui les franchissent ; la Religion,
ne passant point celles que Dieu mit
devant elle, réprimera également, &
les extravagances du fanatisme, & les
rêveries des hérésiaques. Car, comme
la vérité ne peut être contraire à la vérité, la raison n'est point l'ennemie de
la foi, & la foi n'est point le tyran de
la raison.

Qu'il y ait des vérités auxquelles
l'homme ne puisse atteindre, je ne crois
pas qu'il soit nécessaire d'avoir recours
à la Religion pour le prouver ; notre
raison sent elle-même qu'elle est bornée.

Il eſt des effets dont elle ne parviendra jamais à connoître évidemment les cauſes, & il eſt un vaſte champ ouvert à ſes conjectures, où elle ne pourra jamais accumuler que des probabilités. Voilà donc d'abord un premier point dont la raiſon doit convenir.

Mais s'il eſt des vérités inconcevables à l'homme, de ce qu'une propoſition eſt inconcevable, il ne s'enſuivra donc jamais néceſſairement qu'elle eſt fauſſe. Si ce que l'on m'annonce eſt en même tems, & inutile à mon bien-être, & inintelligible à ma raiſon, qu'ai-je beſoin de m'y arrêter ? Je ne le crois point, puiſque je ne puis croire que ce qui m'eſt prouvé ; mais je n'ai pas le droit non plus d'aſſurer qu'il ſoit faux, tant qu'il n'eſt qu'inintelligible.

Des différentes propoſitions qui forment le corps de doctrine que la Religion nous préſente, quelques-unes non-ſeulement ſont à notre portée, mais la raiſon même nous en démontre la vérité ; tel eſt le dogme de l'exiſtence d'un Dieu, de ſon influence ſur tous les êtres, comme cauſe première de l'ordre admirable que nous appercevons entre eux. Quelques autres propoſitions, ſi elles ne

nous font pas démontrées avec la même
rigueur qu'une vérité géométrique , fe
lient du moins très - facilement avec
toutes les autres vérités que notre ame
ne peut fe diffimuler à elle-même : loin
d'être contraires à la raifon , elle fe
trouvent très-conformes à ce qu'elle nous
crie lorfque nous la confultons avec droiture ; tels font les dogmes de la *diftinc-*
tion des deux fubftances , de l'immortalité
de notre ame , des récompenfes & des peines
de l'autre vie. Telles font encore les règles de nos devoirs d'adoration & de
reconnoiffance envers Dieu , d'amour
& de fecours envers nos frères , & en
général tous les principes de la morale.
Auffi toutes les vérités dont je viens de
parler , ont-elles été adoptées , crues,
enfeignées par tous les peuples , dès
qu'ils font devenus capables de réflexion.
Enfin la Religion nous préfente des
propofitions d'un autre ordre , qui paroiffent n'avoir aucune analogie avec
tout ce que nous connoiffons , & furpaf-
fer toutes nos idées. Tel eft le dogme de
la Trinité , celui de la dégradation de
la Nature humaine , de la néceffité d'un
Réparateur & d'une médiation ; celui
de la rédemption du Genre Humain ,

par un ſacrifice d'un prix infini ; celui
de la mort & de la réſurrection d'un
Homme-Dieu, & de la manière incom-
préhenſible dont ſon humanité encore
préſente au milieu de nous perpétue le
ſacrifice qui nous rend la Divinité fa-
vorable.

Après avoir ainſi partagé en trois
claſſes les vérités que la Religion nous
ordonne de croire, qu'il me ſoit permis, pour procéder avec méthode, de
ſuppoſer que je raiſonne avec un homme
de bonne foi ; que l'on n'ait à réfuter que
ceux-là, les ennemis de la Religion ne
ſeront, j'oſe le dire, ni nombreux, ni
redoutables.

Un incrédule ainſi diſpoſé convien-
dra, en effet, que les vérités religieuſes
que j'ai miſes dans la première claſſe,
ſont évidemment prouvées ; il avouera
également que celles de la ſeconde
ſont au moins infiniment vraiſemblables,
& que la raiſon, en ſe conſultant bien,
n'a rien à objecter contre elles.

Car ſi l'autorité nous manquoit, & ſi
l'homme n'avoit, par rapport à la Religion, d'autres lumières à conſulter que
ſon intelligence naturelle, il eſt certain
que de deux ſyſtêmes, dont l'un enſei-

gneroit que tout eſt l'effet du haſard,
& l'autre admettroit un Etre néceſſaire,
Auteur, Conſervateur & Bienfaiteur de
la Nature ; dont l'un ne mettroit aucune
différence ni dans cette vie, ni au-delà,
entre l'heureux ſcélérat qui jouit & qui
dévaſte, & le Juſte qui ſe croit obligé
d'être le bienfaiteur de ſes ſemblables ;
le ſecond de ces ſyſtêmes non-ſeulement pourroit être adopté comme le
plus utile au Genre-Humain, mais encore
comme le plus vraiſemblable & le plus
conforme à la raiſon.

Or, ſi ce ſecond ſyſtême eſt le vrai,
prenez garde que voilà la néceſſité d'une
Religion prouvée auſſi clairement que
les premiers principes de la morale : car
comment concevez-vous que les hommes aiént des rapports entr'eux, & qu'ils
n'en aient aucun avec cet Etre néceſſaire
& bienfaiſant ſous la main duquel ils ſont
ſans ceſſe ?

Les Philoſophes qui, ſans croire à la
Religion Chrétienne, n'ont cependant
pas fermé les yeux à toutes les lumières
naturelles, ont admis dans tous les
êtres une cauſe finale, c'eſt-à-dire, une
deſtination. Tout ce que nous voyons
autour de nous a la ſenne : nous ne les

connoissons pas toutes, car nous n'avons intérêt d'observer, & peut-être le pouvoir de connoître que celles qui nous sont utiles ; mais la raison nous apprend du moins que rien n'est ni fait en vain, ni placé au hasard dans le monde.

L'homme seroit-il le seul être qui, jeté fortuitement sur la face de la terre, n'auroit été destiné qu'à y végéter & y mourir ? La raison s'élève encore contre une opinion également impie & absurde: la seule différence entre lui & les êtres incapables de réflexion, c'est qu'il cherche sa fin, est capable de la connoître, de réfléchir sur la route qu'elle lui prescrit, & de la suivre, ou de s'en écarter librement. Je l'ai déja dit, toutes les autres créatures ont un devoir physique qu'elles suivent par l'impulsion du mouvement que la Nature leur a donné. La brute y joint peut-être une espèce de sens aveugle & d'appétit indélibéré qui l'y pousse; l'homme seul, né pour réfléchir sur sa destination, a des devoirs moraux.

La raison nous instruit sans doute sur quelques-unes de nos destinations : elle nous apprend que nous sommes nés pour la société ; en nous montrant nos pouvoirs, elle nous indique nos droits : en

nous faisant réfléchir sur leur réciprocité,
elle nous en montre la mesure , & place
le devoir à côté de la puissance : mais la
raison nous suffit-elle ? & sommes-nous
bien sûrs qu'il n'est aucune de nos destinations , dont elle ne doive nous instruire ? Il me semble que pour peu qu'elle
réfléchisse , elle reconnoîtra elle-même
son impuissance à cet égard ?

Rien de plus naturel que la pente
qu'elle a , lorsqu'elle se replie sur elle-
même , à regarder comme deux substan-
ces totalement différentes , ce corps qui
frappe ses sens , & cette ame qui non-
seulement éprouve, mais juge & compare
les sensations. Elle a beau faire , elle a
peine à regarder la pensée comme un
mode de la matière ; les Philosophes
les plus ennemis de la spiritualité de
l'ame , n'ont mis cette étrange proposition qu'au rang des hypothèses simplement possibles, & certainement n'eussent
point parié pour elle. Tous les peuples
éclairés ont cru l'immatérialité & l'immortalité des esprits , & n'ont consulté
que les lumières du raisonnement ; car si
la matière peut bien changer de forme ,
mais non être anéantie ; si la destruction
des corps n'est qu'une dissolution de

leurs parties, pourquoi un être ſimple
& immatériel, pourquoi un être plus
parfait que le corps, rentreroit-il dans
cet inconcevable néant que l'impie en-
viſage en frémiſſant comme ſa dernière
reſſource, ſans pouvoir ſe le perſuader?
Réfléchiſſons avec attention ſur nous-
mêmes, & tout nous perſuadera que
notre ame ne périt point avec notre
corps.

Cependant cette vérité ne nous eſt
point encore démontrée avec la rigueur
& la préciſion du raiſonnement qui nous
aſſure que les trois angles du triangle
ſont égaux à deux angles droits. L'homme raiſonnable ne doute point de l'immortalité de ſon ame ; mais ſur cette
matière le doute eſt poſſible à l'homme,
aulieu qu'il ne l'eſt point ſur les vérités
géométriques. Or que l'on me diſe pourquoi, ſur la vérité la plus importante
de toutes, je ne reçois pas de ma raiſon
une réponſe auſſi claire que celle qu'elle
me fournit ſur des propoſitions bien
moins intéreſſantes pour moi. Rien ne
m'eſt plus préſent que mon ame, rien
dont il me fût plus utile d'acquérir une
entière & parfaite connoiſſance ; & moi
qui remarquois tout-à-l'heure que Dieu

sembloit avoir rendu les connoissances plus ou moins faciles à notre raison, en proportion de leur utilité, je suis forcé d'avouer maintenant, que de toutes les sciences, celle qui me seroit la plus utile, est celle que je suis le moins à portée de saisir par les ressources de mon intelligence.

Il existe donc des vérités importantes pour l'homme, & que sa raison ne lui découvre pas. Car ceux qui, sur la nature de notre ame, ont embrassé ou voulu accréditer les opinions les plus contraires à la révélation, ont tous avoué que sur cette matière ils ne pouvoient présenter que des hypothèses. Ils ont bien voulu jeter des doutes sur ce que la Religion nous apprend ; ils ont dit aux Chrétiens : *rien ne vous est prouvé*, mais ils n'ont point ajouté ; *il y a quelque chose de démontré pour nous*. Ainsi, & selon eux, & selon nous, la raison ne nous éclaire évidemment, ni sur la nature, ni sur toutes les destinations de notre ame.

Mais si cela est, pour qu'il fût démontré que l'homme n'a pas besoin d'une Religion qui l'instruise, & de l'état qui lui est destiné dans une autre vie,

& de ce qu'il doit faire pour y parvenir, il faudroit qu'il le fût également, que son ame n'a pas d'autre destination que celle qui l'attache au corps, & qui se manifeste par ses sens. Or comment l'impie me prouvera-t-il cette proposi-tion, lui qui est forcé d'avouer qu'il ne sait ce que c'est que mon ame dont il sent, dont il admire, mais dont il ne peut expliquer les opérations ?

Mon objet n'est point ici, comme on le voit, de réunir & d'exposer les preu-ves de la Religion ; mais de prouver à l'impie qui l'attaque, sa foiblesse & sa déraison. La Religion n'a jamais été révélée à l'homme, s'écrie-t-il avec la plus folle témérité ; mais s'il convient qu'il ne connoît ni la nature de son ame, ni toutes ses destinations, ni tous les états dont elle est susceptible, il doit donc, s'il est de bonne foi, avouer en même tems que des connoissances qui existent dans la vaste sphère des possibles, ont pu nous être révélées immédiatement par l'Etre Suprême ; il doit avouer que Dieu a pu faire notre ame immortelle, comme Platon, Cicéron, & tant d'au-tres grands hommes l'ont pensé ; que si elle survit au corps, elle est destinée à un état sur lequel la raison ne nous apprend rien ; enfin qu'il suit de tout cela que Dieu qui nous a donné l'incompréhensible moyen de l'évidence, pour nous conduire dans une vie entremêlée de misères & de souffrances, a pu nous donner aussi l'incompréhensible moyen de la révélation, pour mériter une vie souverainement heureuse, dont nous sentons en nous, & le desir, & la capacité.

Je viens de prouver que ce n'est point la raison qui nous indique l'inutilité d'une Religion révélée ; faisons voir maintenant que la raison, si elle s'interroge avec sincérité, nous conduit à cette nécessité.

Me voilà sur la terre entouré de mes frères : occupés à nous secourir mutuellement, nous ne sommes pas long-tems sans nous convaincre que notre destination est de vivre ensemble. Seul, je suis le plus foible & le plus dénué de tous les animaux ; réuni avec mes égaux, j'ai embelli mon domaine, j'ai fouillé jusques dans les entrailles de la terre, j'ai mesuré les cieux & traversé les mers, & en dominant la Nature entière, je sens que j'ai rempli ma fin. Le principe

actif que je découvre en moi, & par qui
j'ai exécuté tant de grandes choſes, ce
principe que je ne remarque point dans
les bêtes, qui ne font aujourd'hui que
ce qu'elles ont fait dès le commencement du monde, mon ame, en un mot,
lorſque je me replie ſur elle, devient
l'objet de mon admiration & de ma curioſité ; je lui trouve des caractères
inexplicables ; je ſens en elle une faculté
qui ne s'épuiſe jamais, c'eſt celle de
jouir. Je lui préſente les plaiſirs des ſens,
elle s'y livre ; mais ils ne lui ſuffiſent pas.
Le récit d'une action ſublime & honnête la touche, la tranſporte, la ravit ;
la découverte d'une grande vérité qui
eſt à cent lieues de ſes ſens, lui cauſe
une ſatisfaction inexprimable, & le
ſpectacle de la clémence d'Auguſte m'arrache des larmes plus délicieuſes que
celles que je répandis quelquefois dans
l'ivreſſe de l'amour. Quelle eſt donc
cette ſubſtance qui m'eſt en même tems
& ſi préſente, & ſi peu connue ? Cette
ame cependant, c'eſt moi ; & j'ai beau
faire, ce moi, dont il m'eſt ſi important
de connoître tous les rapports & toutes
les deſtinations, ſera toujours pour moi
une énigme inexplicable.

Cependant j'en connois affez pour me convaincre que je ne connois pas tout. Une chofe, en effet, me paroît démontrée ; c'eft que mon ame a des rapports qui l'attachent à tous les êtres créés qui l'environnent, & qu'elle en a d'autres qui ne fe lient avec rien de ce que j'apperçois par les fens. Cet inexplicable defir de connoître, cette recherche de l'infini, ces fentimens délicieux que me caufe le fpectacle de l'ordre moral ; tout cela n'a aucune proportion avec les impreffions qui entrent dans mon ame par les fens : je m'interroge donc moi-même, je me demande compte de ce qui fe paffe en moi, & je me dis : O malheureux ! qui t'éclairera fur ce que tu es, & fur ce que tu dois être ? Envain une voix s'élève & me répond : mange, bois, réjouis-toi , car tu mourras demain ; ce n'eft point là ce que me dit la raifon, car fi je n'étois deftiné qu'à me livrer à l'impreffion des fens , je n'aurois point d'autres plaifirs , & j'en ai éprouvé de plus purs : ils étoient en moi; ils ne me trompoient point : je fuis donc capable d'une autre manière d'être, & je puis avoir une autre fin.

Mais fi je fens clairement qu'il y a

sur mon ame , sur sa destination, sur ses
rapports, des vérités que j'ignore & que
j'ignorerai toujours tant que je ne con-
sulterai que ma raison , il faut nécessairement de deux choses l'une , ou que je
décide hardiment que ces vérités me
sont parfaitement indifférentes , ou que
je convienne qu'il doit y avoir une
autre voie pour les conduire jusqu'à
moi.

Mais puis-je , sans folie , regarder ces
vérités comme d'inutiles spéculations ?
Rien de ce que Dieu a fait ne sera
anéanti ; & si , comme cela me paroît
prouvé , mon ame est un être simple
qui ne puisse se décomposer comme mon
corps , & qui doive survivre à la dissolution de celui-ci , ne m'importe-t-il
pas de savoir ce qu'elle deviendra alors ?
& si la cause incompréhensible de ces
effets étonnans , que j'ai tant de fois ad-
mirés en elle , étoit dans les rapports
qu'elle peut avoir, dès aujourd'hui, avec
cet état que je ne connois point, la solution de ce problême doit-elle être mise
au nombre de ces curiosités stériles qui
ne font que l'amuser ?

Disons-le donc hardiment , il y a des
vérités essentielles à mon bonheur , que

je ne puis connoître que par des moyens extraordinaires, & fur lefquelles la raifon feule ne me rendra aucune réponfe fatisfaifante.

Ici ma raifon, précifément parce qu'elle eft muette fur cet objet, me ramène néceffairement au principe que j'a. commencé par fuppofer.

Je trouve dans les lumières qué la Nature m'a données, tout ce qui peut me mener au bonheur qui m'eft deftiné en cette vie ; mais il y a pour moi deux vérités fuffifamment prouvées, pour devenir la bafe de ma conduite ; l'une eft qu'il y a un *au-delà*, l'autre eft que fur cet *au-delà* les lumières naturelles me manquent : donc, fur la plus intéreffante de mes deftinations, & fur la conduite qu'elle doit me prefcrire, il faut, ou que je refte toute ma vie dans une profonde ignorance, ou que je reçoive ce genre de vérités par une autre voie.

Admettons au contraire, non, fi vous voulez, comme une vérité démontrée, mais comme la plus vraifemblable de toutes les hypothèfes, que l'Etre éternel, dont nous ne pouvons ni mefurer la puiffance, ni compter les ouvrages, a destiné nos ames à un double bonheur, dont le premier doit être une préparation au second ; qu'il a voulu que nous fussions les artisans du premier , & qu'il s'est réservé de nous procurer le second, par l'action immédiate de son pouvoir ; dès-lors , si ce second bonheur continue d'être inexplicable à notre entendement, nous voyons du moins la raison pour laquelle nous ne pouvons y atteindre ; & , en même temps que nous appercevons autour de nous tous les moyens qui peuvent nous conduire au premier, nous ne sommes plus surpris d'être obligés de recevoir, immédiatement de Dieu même, les lumières qui doivent nous éclairer, & sur le second, & sur la route qui y mène.

L'ordre & la chaîne des vérités qui sont au-delà de notre raison , & que nous ne pouvons appercevoir sur cette carte immense , dont j'ai plus haut donné l'idée , tiennent donc à cette vérité : *notre ame est immortelle.* Elle est la ligne qui sépare le domaine de l'entendement humain , du vaste champ des possibles, dans lesquels nous ne distinguons rien.

En effet, si cette proposition ne m'est

pas rigoureusement démontrée, il s'en
faut bien que sa contradictoire, *notre
ame est mortelle*, nous soit évidemment
prouvée; cependant l'une ou l'autre est
vraie, & rien n'est plus important pour
l'homme, que d'être fixé sur l'alter-
native.

Que suit-il delà ? C'est que quiconque croit l'immortalité de l'ame, au
moins comme l'opinion la plus vraisem-
blable, doit nécessairement admettre
une révélation. Car, 1°. ce n'est que par
elle qu'il peut être invinciblement assuré de la certitude d'une proposition
sur laquelle la raison ne lui fournit que
les plus fortes vraisemblances. Cette
vérité où j'ai placé les limites de nos
connoissances naturelles, est réellement,
par rapport à nous, comme les bornes
du jour & de la nuit : la foi qui nous
éclaire sur le dogme de l'immortalité
de notre ame, est très-véritablement le
supplément de la raison ; elle achève
la conviction commencée. 2°. Ce n'est
encore que par la révélation, qu'il peut
connoître l'état auquel cette ame immortelle est destinée après cette vie,
& les moyens par lesquels Dieu a voulu
la conduire à un bonheur dont il ne

lui

lui a point donné d'idée, & que, comme
dit l'Apôtre, l'œil n'a point vu, l'oreille
n'a point entendu, & le cœur de l'homme n'a jamais compris.

Pourquoi donc au-delà de cette vérité
si essentielle, tout est-il mystère, tout
paroît-il inconcevable? Ce n'est pas que
ce que nous y découvrons, à l'aide de
la révélation, soit inconciliable & contradictoire avec les vérités qui sont en-
deçà; car c'est précisément parce que
l'évidence n'atteint point jusqu'aux dogmes de foi, qu'elle ne peut jamais nous,
en démontrer la fausseté; mais c'est que
réellement il y a des faits dont notre
raison, telle qu'elle est aujourd'hui,
n'appercevra jamais la liaison avec l'en-
chaînement de ceux, sur lesquels elle se
promène avec tant de liberté & de faci-
lité. O homme aveugle & insensé!
peux-tu te plaindre de ce que Dieu ne
t'a pas donné une intelligence capable
d'embrasser & de comprendre son immensité? Crois-tu qu'il ait dû te mettre
à portée de concevoir & de connoître
à fond, & l'essence de tout ce qui
existe, & ces innombrables rapports
qui lient ensemble l'univers & tous
les êtres? Voudrois-tu

au centre qu'il habite , d'où tu puſſes ,
comme lui , contempler tous les ouvrages de ſa toute - puiſſance ? Tu le voudrois peut-être ; mais il a fait aſſez pour
toi , lorſqu'il t'a donné l'incompréhen-
ſible faculté de le vouloir : la place
qu'il t'a aſſignée eſt aux extrémités
de la ſphère. Adore , & ne murmure
pas.

Concluons qu'il faut , ou ignorer
toute notre vie les vérités qu'il nous eſt
le plus important de connoître , ou les
recevoir par le moyen de la révélation ;
& la preuve qu'aucune d'elles n'eſt ſur
le chemin de la raiſon , c'eſt que tous
les peuples du monde qui ont imaginé
des ſyſtêmes ſur le bonheur ou ſur les
peines de l'autre vie , ont tous été
obligés de recourir à cette voie extraor-
dinaire.

Nous pouvons choiſir entre les ténèbres & la lumière ; mais ſi nous voulons
être inſtruits, nous n'aurons malgré nous,
que le choix des révélations ; nous ſommes néceſſairement placés entre l'ignorance & les myſtères ; & ſi l'on ne veut
pas croire ceux-ci, il faut néceſſairement
avouer celle-là.

Mon objet , comme je l'ai déja dit ,

n'eft point ici d'accumuler les preuves qui démontrent à tout efprit raifonnable, que le même Dieu qui, dès le commencement du monde, a parlé à notre ame par l'évidence, lui a également parlé par la révélation ; que l'homme a été appelé le même jour, & à la fociété dans laquelle il devoit faire fon bonheur dès cette vie, & à la religion qui devoit l'inftruire du bonheur de l'autre ; qu'il n'y a, & qu'il ne peut y avoir qu'une feule révélation ; qu'elle eft néceffairement la plus ancienne de toutes ; qu'elle ne peut avoir d'autre objet que de rendre les hommes bons pendant leur vie, pour les rendre heureux & avant & après leur mort ; que la religion chrétienne eft la feule qui réuniffe tous ces caractères. Affez d'autres ont dit, & je n'ai pas befoin de le répéter, que les prophéties qui ont annoncé la venue de Jéfus-Chrift, leur accompliffement qui a juftifié fa miffion, & les miracles qui ont répandu fa doctrine, font autant de preuves fouverainement évidentes de cette révélation, dont j'ai fait voir la néceffité.

Je ne veux, en finiffant cet Effai, qu'interpeller ceux qui fe font donné tant de peines pour attaquer la religion, & qui, pour la combattre, ont appelé nos dogmes au tribunal de la raison. De bonne foi, ont-ils cru qu'elle fût en état de les juger ?

Vous avez voulu, sans doute, leur dirai-je, nous empêcher de croire : soit. Mais on y réussit de deux manières, ou en établissant une belle & grande vérité, contradictoire avec l'erreur qui avoit pris sa place : c'est ainsi que la doctrine de la circulation du sang s'est établie à la place d'un système, dont l'expérience a démontré la fausseté ; nous avons sans doute obligation à ceux qui s'y prennent de cette manière.

La seconde méthode (& c'est la vôtre) c'est d'attaquer les motifs que l'on a de croire ; elle ne consiste point à prouver, mais à faire voir l'insuffisance des preuves sur lesquelles on s'est jusqu'ici déterminé : en elle-même, cette méthode n'éclaire point ; son but, au contraire, est d'obscurcir ; elle se réduit à nous faire appercevoir de notre ignorance, elle a tout fait quand elle a répandu des doutes également incommodes & humilians.

Cette méthode a pourtant son avantage ; mais c'eſt 1°. lorſqu'après avoir commencé par détruire l'erreur, on peut ſe flatter de mettre quelques vérités à ſa place ; 2°. lorſque l'erreur que l'on détruit, quand même on ne lui ſubſtitueroit rien, eſt une erreur funeſte au genre-humain.

Si au contraire l'opinion que l'on veut anéantir, mais à laquelle on ne peut ſubſtituer que les ténèbres de l'ignorance, eſt une doctrine utile aux hommes, une doctrine qui tend à les rendre meilleurs, à aſſurer leurs droits, à leur fournir de nouveaux motifs pour leur faire remplir leurs devoirs, je ne vois ni quelle gloire on acquiert, ni quelle reconnoiſſance on mérite en lui faiſant la guerre.

Vous n'avez donc point éclairé la ſociété ; vous avez ſemé, au milieu d'elle, les défiances & la terreur ; vous avez élevé des nuages entre le ſoleil & moi, mais vous ne m'avez point préſenté de flambeaux pour marcher au milieu des ténèbres : laiſſez-moi ma religion ; je lui dois la joie & le repos ; c'eſt elle qui juſqu'ici a rendu mes jours ſereins au milieu des traverſes de la vie ; elle m'a appris à aimer mes frères, à

marcher sans crainte parmi les pièges des
méchans ; elle m'a inspiré la confiance
pour mes frères, elle m'a donné la certitude de leurs secours, elle a affermi en
moi le desir de leur être utile : craignez-
vous qu'elle ne me fournisse des armes
contre eux, & qu'elle ne me conduise à
la superstition ou au fanatisme ? Lisez ce
qui me reste à vous dire sur les bornes
par lesquelles Dieu lui-même a circonscrit le domaine de la foi.

§. I I.

Des Bornes de la Foi.

C'EST précisément parce que les vérités révélées sont hors du domaine de
notre raison, qu'elles sont encore plus
bornées que celles que nous découvrons
par l'évidence. C'est parce que nos
dogmes ne paroissent tenir à rien de ce
que nous connoissons, qu'ils sont nécessairement isolés. Les sciences humaines
sont un vaste continent où notre esprit
peut s'exercer sans cesse, & où les
bornes de l'horizon n'attestent que les
bornes de la vue qui l'apperçoit. Les
vérités de foi sont des îles au milieu de

l'Océan. Les bords font fous mes yeux,
l'abîme qui les joint au continent eft
impénétrable pour moi, & c'eft dans
l'autre vie feule que j'en fonderai les
profondeurs.

En effet, notre foi n'étant autre chofe
qu'un acquiefcement fincère à des vérités que nous ne comprenons point,
& n'ayant d'autre motif que l'évidence,
non de la propofition qui nous eft an-
noncée, mais des preuves qui nous affurent qu'elle a été révélée ; je dois, fi
je fuis raifonnable, me borner à examiner quelles font les vérités que Dieu
me prefcrit de croire. Je dois me dire :
voilà le dépôt ; que me ferviroit-il d'y
ajouter ? tout ce qui eft au-delà m'eft
inutile.

Lorfque je raifonne fur des principes
dont l'évidence m'a frappé, les conféquences que j'en tire peuvent, par leur
nature, du moins être à mon ufage.
Dans les vérités de foi au contraire,
il n'y a que le dogme qui puiffe me
fervir : toutes les inductions peuvent
m'égarer, mais ne me mèneront à rien.
En croyant le fait, je remplis mon devoir, & j'exécute tout ce qui eft prefcrit à mon entendement : fi à côté de

l'affertion révélée, je veux placer une autre propofition que j'aie cru pouvoir en induire ; cette feconde affertion, quand elle feroit vraie, n'eft point un article de foi ; il ne m'eft donc point ordonné de la croire. Elle n'eft donc plus qu'une fpéculation néceffairement ftérile ; car, inutile pour le ciel, elle eft hors de la fphère des vérités auxquelles je peux devoir mon bonheur fur la terre.

J'ai fait appercevoir, dans la première partie de cet Effai, le double rapport qu'ont toutes les connoiffances dont notre ame eft fufceptible. J'ai prouvé que Dieu avoit placé à portée de nous, toutes celles qui pouvoient nous être de quelque utilité pour le bonheur de cette vie, & que la raifon qui nous fut donnée pour nous le procurer, fut également deftinée à découvrir toutes les vérités qui peuvent nous éclairer fur les moyens de l'acquérir. La recherche de ces vérités eft en même tems, & attrayante, & pénible. Elle fait partie du travail qui nous fut prefcrit, & ce travail eft relatif à notre fin immédiate, à la félicité dont nous pouvons jouir fur la terre.

Il eft pour l'homme une deftination plus éloignée, mais non moins certaine. Sa fin dernière eft un autre genre de bonheur que l'œil n'a point vu, dont l'oreille n'a point entendu parler, dont notre ame peut fe fentir capable, mais dont elle n'a jamais connu, ni le caractère, ni l'étendue. Dieu qui veut que nous le tenions immédiatement de lui, a voulu auffi nous apprendre immédiatement les moyens de le mériter.

De-là il fuit que toutes les vérités qu'il nous a révélées fur cet objet important, ont toutes un double caractère qu'il nous eft effentiel de faifir. D'un côté, elles doivent avoir un rapport marqué à la fin qu'elles nous indiquent. Si tout ce que la raifon nous apprend nous conduit au bien-être que la raifon nous procure, tout ce que la religion nous révèle, doit également nous conduire au bonheur que la religion nous promet.

D'un autre côté, elles doivent nous être découvertes de la même manière que nous l'a été le terme dont elles font la voie. Dieu nous a dit : vous irez là, & vous ne pouvez y aller que par ce chemin.

C v

Vous retrouverez le premier de ces
deux caractères, dans tous les dogmes
que l'Evangile nous propose à croire.
1°. Dieu nous a révélé, non tout ce
qu'il est, mais ce qu'il est par rapport
à nous. Nous le connoissons comme
Père, comme Bienfaiteur de ses créatures, comme Auteur de l'ordre auquel
il les a soumises, comme veillant sans
cesse à leur conservation & à leur bonheur, comme devant récompenser &
punir dans une autre vie, & leurs vertus
& leurs crimes ; enfin, comme ayant
rendu au genre-humain le salut éternel qu'il avoit perdu par sa faute : mais
cet Etre immense & infini, cet Etre qui
nous a créés, qui nous a rachetés, qui
nous destine un bonheur souverain &
éternel, qu'est-il en lui-même ? L'é-
vangile & les livres saints qui l'ont précédé, ne nous l'ont jamais dit : ils nous
ont donné de lui une idée plus juste &
plus sublime que tout ce que nous en
avoient appris les Sages que la raison
seule éclaira ; ils ne nous ont fait connoître ni son essence, ni tous ses attributs ; il est même très-douteux que
l'homme, quoique créé à son image,
ait une ame capable de recevoir ces

immenses clartés , & je suis bien persuadé que toutes les intelligences créées,
quelle que soit leur nature , ne connoissent de Dieu , que ce qui leur en a
révélé lui-même , soit en donnant à leur
ame la faculté de découvrir une partie
de ce qu'il est , soit en se manifestant
immédiatement à elles , par la révélation ; mais je crois en même tems que
tout ce qu'elles savent de Dieu est relatif à la fin qu'il leur a prescrite , au
besoin qu'elles ont de lui , & au bonheur dont cette connoissance peut les
approcher.

2°. Ce mystère de la Trinité , si fort
au-dessus de notre raison , quoiqu'il ne
soit, comme je l'ai prouvé plus haut,
nullement contradictoire avec elle ,
Dieu nous l'auroit-il révélé si, à l'a-
mour que nous lui devons comme ses
créatures , il n'étoit pas juste de join-
dre la tendre reconnoissance que nous
lui devons , comme rachetés par ses
bienfaits , & comme justifiés par son
esprit ? Qu'est le Verbe, & comment est-
il en Dieu ? Qu'est-ce que cet amour
qui est aussi Dieu lui-même? Cette génération ineffable , cette incompréhensible procession , qui est-ce qui me l'ex-

pliquera ? Mortel , reste à ta place , adore & ne recherche point. L'abîme de ces vérités est à une distance infinie de ta raison. Aime ton bienfaiteur , enivre-toi de l'enthousiame sublime que doit produire , dans ton ame , le peu que tu apperçois de ses perfections. Tu ne connoîtras , peut-être , jamais sa substance , mais pour l'aimer autant que tu le dois , il faut que tu saches que le Verbe s'est fait chair, que son sang a été répandu pour toi , & que c'est l'esprit de Dieu qui rend féconds, dans ton ame, les mérites de ce grand sacrifice : ainsi , sans approfondir le mystère , j'apperçois le rapport qu'il a avec mes devoirs ; je sens que la vérité ne m'a été révélée que comme un moyen de mériter & d'acquérir.

3°. Tous les mystères que m'apprennent les livres saints , & dont l'Eglise a formé le premier de ses symboles , ont tous les mêmes relations avec l'amour & les sentimens que la religion me prescrit. La grande , la principale de toutes les vérités , dont il falloit que je fusse instruit , est celle-ci : le genre-humain dégradé par le crime d'Adam , n'a pu être sauvé que par Jesus-Christ, c'est-à-dire, par les mérites de son sang, par la foi en ses promesses, par l'espérance des biens qu'il nous a rendus, par l'amour qu'il nous a prescrit, & pour Dieu, & pour nos frères. Il falloit donc que je connusse, & Jesus-Christ, & son évangile ; il étoit nécessaire que je susse tout ce qu'a fait pour moi le Réparateur; sa mission, son sacrifice, sa résurrection : la première a été perpétuée par l'enseignement & l'autorité de l'Eglise, le second l'a été par le sacrifice qui est encore tous les jours offert sur nos autels. Rien de tout cela n'est étranger aux devoirs que la religion m'impose, rien de tout cela ne peut être regardé comme un simple objet de curiosité. La religion n'est pas seulement une lumière qui nous éclaire, elle est un feu qui nous échauffe, elle fournit des motifs qui nous déterminent & nous pressent ; croire n'est rien si l'on n'agit, & ce n'est même que pour nous faire agir qu'il nous fut ordonné de croire.

Tirons de-là une conséquence qui me paroît de la plus grande justesse ; c'est que toute spéculation qui ne sera que curieuse, & qui n'ajoutera rien, ni à mes devoirs, ni à mes sentimens, doit, par cela seul, me devenir suspecte. Je sais que si après avoir interdit à la raison l'examen du mystère au moment même qu'on l'oblige à le reeevoir comme évidemment révélé, on le lui livre en-suite, pour exercer sa sagacité sur toutes les questions abstraites qu'il peut faire naître, elle peut, en voulant l'appro-fondir, se forger, à elle-même, une foule d'hypothèses métaphysiques, dont elle se fera autant de problêmes à résou-dre : mais ces hypothèses & ces ques-tions font-elles partie de la foi ? Alors voilà une foule de nouveaux mystères que la raison va introduire, & sur les-quels l'esprit de contention & de dis-pute va accumuler les sophismes. Qui me répondra que toutes ces opinions, enfantées par le raisonnement, font vraies ? Ce ne sera point l'évidence, car le principe dont je suis parti est un mys-tère ; ce ne sera point la révélation, car il n'y a que le mystère qui ait été révélé, & la révélation a gardé le silence sur toutes les sublimes conséquences qu'il me plaît d'en tirer.

Mais si je n'ai pour garant de mes opinions, ni l'évidence, ni la révéla-tion, il ne me reste que le raisonnement.

Or qui m'assurera qu'il est juste ? Comment me garantirai-je des illusions d'une imagination vive & ardente ? Tous ceux qui ont voulu raisonner sur les mystères, se sont divisés de la meilleure foi du monde, & de ces divisions sont nées, & des opinions que l'Eglise n'a point condamnées, & des hérésies qu'elle a proscrites : tous avoient raisonné ; le raisonnement n'étoit donc point une règle sûre ; or ne valoit-il pas mieux sacrifier une foule d'opinions théologiques, qui n'ont rien ajouté à la foi, & ne point enfanter cette multitude d'hérésies qui l'ont altérée sur tant de points? Règle générale, dès qu'une proposition ne me sera ni démontrée par la raison, ni prouvée par la révélation (*a*), j'aurai droit d'en douter sans être ni dé-

---

(*a*) Pour que l'on ne puisse point m'accuser ici de favoriser l'erreur des Protestans qui rejettent la tradition, je déclare que je regarde comme révélé, non-seulement ce qui est enseigné dans les livres saints, mais encore toutes les vérités que l'Eglise nous enseigne comme dogmes. Dieu nous les a implicitement révélées, lorsqu'il nous a ordonné de croire à l'Eglise, & lui a promis d'être avec elle jusqu'à la consommation des siécles.

raisonnable, ni mauvais Catholique ; & très-certainement je ne serai jamais obligé, en conscience, de l'ajouter aux symboles de ma foi ; car ce n'est point par le raisonnement que Dieu a voulu que je fusse instruit des vérités qui doivent me conduire à un bonheur surnaturel, que le raisonnement n'eût pu me faire découvrir.

Que la foi ait ses bornes, l'Eglise ne l'avoue-t-elle pas elle-même, lorsqu'elle reconnoît que sa doctrine est un dépôt ? *O Timothee*, dit Saint Paul, *depositum custodi*. Or un dépôt n'est-il pas essentiellement circonscrit ? L'action donnée par les loix, contre le dépositaire, n'est point indéfinie ; celui-ci n'est tenu de rendre que ce qu'il a reçu, & on ne peut le forcer d'y ajouter. Il en est de même de notre foi ; je ne suis comptable que de ce qui m'a été livré, & je suis toujours en droit d'écarter toutes les théories que je ne trouve point explicitement comprises dans le corps de doctrine confiée à l'Eglise ; car, fussent-elles autant de vérités, ce ne sont point (& cela me suffit) les vérités par lesquelles Dieu a voulu que je fusse conduit au salut.

Prenez garde, me répondra-t-on, que l'autorité qui vous oblige de croire une proposition révélée, vous fait également un devoir d'avouer toutes les conséquences qui suivent clairement de cette vérité. Par là on n'ajoute rien au dépôt, on vous oblige seulement à le rendre tel qu'il est.

Ce raisonnement est spécieux ; j'ose dire qu'il n'est qu'un sophisme. Je conviens que si je crois un dogme, je crois implicitement, ou plutôt j'avoue d'avance (car le terme de croire seroit ici impropre) toutes les conséquences qui en seront évidemment déduites, à-peu-près comme celui qui a cru le système de Copernic, a, de ce moment, avoué tous les faits dont les lunettes de Galilée ont ensuite fourni la preuve.

Mais 1°. ai-je dû connoître, ai-je dû même rechercher toutes ces inductions, que les Docteurs ont laborieusement déduites de ces incompréhensibles vérités qu'il leur suffisoit de croire humblement ? Or comment me prouvera-t-on que je sois obligé de regarder comme des dogmes de ma foi, des vérités dont je ne suis pas même obligé de m'instruire ?

2°. S'il étoit vrai que l'on pût ainsi ajouter, par la dialectique, à la somme des vérités que le Chrétien doit croire, voyez où pourroit vous conduire la chaîne de ces inductions ; car si vous m'imposez, à peine de damnation, l'obligation de croire la conséquence immédiate, un autre viendra qui, partant de celle-ci comme principe, en tirera encore une nouvelle conséquence, & me prescrira de la croire. A l'aide de cette progression successive, les symboles de foi, qui sont courts, simples & précis, deviendront peu-à-peu des volumes. Ce n'est pas tout, ils se multiplieront ; car, comme cette chaîne sera l'ouvrage du raisonnement, soyez sûr qu'elle se partagera ; chacun fera son système, & fera de son système un corps de doctrine nécessaire au salut.

Je fais donc tomber entièrement l'objection, en expliquant la nature de l'obligation qu'elle suppose ; quiconque croit une vérité révélée, doit naturellement croire toutes les inductions que le raisonnement en pourra tirer : à la bonne-heure ; quoique je sois bien persuadé qu'en matière de foi, il vaudroit bien mieux n'en tirer aucune. Cependant

s'il faut abſolument que la raiſon humaine s'exerce ou plutôt s'agite, ſans
intérêt, au-delà des bornes que Dieu
lui aſſigna, laiſſons-la faire & ayons
pitié d'elle ; mais convenons que c'eſt
elle ſeule alors à laquelle l'eſprit humain doit compte de ſon acquieſcement
ou de ſa réſiſtance : je ne ſuis donc
obligé de croire ces inductions, qu'autant que l'évidence, ou plutôt la juſ-
teſſe du raiſonnement me frappera ou
m'entraînera ; ſi je ne puis les croire,
on pourra me regarder comme mauvais
dialecticien, comme aveugle, ſi l'on
veut ; mais jamais comme impie ou
comme hérétique : car ſi je fais profeſſion de croire la vérité, dont l'eſprit
humain eſt parti pour s'élancer dans le
vaſte champ des hypothèſes, je puis
m'en tenir là, & dire aux Docteurs : *je
ne veux point que ma raiſon vous ſuive,
je ne crois pas que ce ſoit pour ce genre
de recherches que Dieu me l'a donnée.*

Veux-je par-là enchaîner celle-ci ?
Me reprochera-t-on de l'avoir exhortée
dans la première partie de cet Eſſai à faire
uſage de toutes ſes facultés, pour lui en
interdire enſuite l'uſage dans celle-ci ?
Non, ſans doute. La raiſon eſt eſſen-

tiellement libre ; & dans l'une & l'autre position où je la place, je ne veux que lui prescrire les précautions qu'elle doit prendre pour ne point s'égarer. Je ne l'arrête point, je lui montre l'obstacle qui l'arrêtera malgré elle : l'homme est libre sans doute, mais il n'a que des bras & des jambes ; il ne pénétrera point les Cieux, il n'enjambera point sur les abîmes, & s'il se trouve en pleine mer dans une barque, il ne fera, s'il est sage, aucun usage de la liberté qu'il a de se noyer. Les mêmes mouvemens qui, sur la terre, le feroient descendre en sûreté dans une vallée profonde, sur les flots, le précipiteroient au fond du gouffre.

La raison, après tout, est la maitresse de chercher à approfondir les mystères, de se les expliquer même autant qu'elle le peut, de se proposer sur chacun d'eux autant de questions qu'il lui plaira ; elle ne l'a même que trop fait : qu'en est-il résulté ? disputes, opinions, héréfies ; l'Eglise n'a été obligée de décider, que parce que les hommes s'étoient livrés à une indiscrète & vaine curiosité.

Il est des ames inquiètes & avides de

ſpéculations, des imaginations vives &
ardentes. La méditation eſt leur aliment ;
elles rêvent, elles ont des ſonges ; tantôt elles ſe créent des monſtres qu'elles
abhorrent, tantôt des fantômes qu'elles
embraſſent : ſi ces ames ſont en même
tems religieuſes & timorées, je ne cher-
cherai point à les effrayer par des menaces, & je tenterois en vain de les renfermer dans les bornes que je leur indique ; mais je dirai également, & aux
hardis ſpeculateurs, & aux tendres myſ-
tiques, » du moins ne condamnez point
» ceux qui ne veulent ou ne peuvent
» vous ſuivre : le champ eſt vaſte,
» j'en conviens, il eſt immenſe même ;
» mais ſortis une fois de l'enceinte où
» vous pouviez vous tenir en ſûreté, ne
» damnez ni ceux qui n'en ſont pas ſor-
» tis, ni ceux qui ayant eu la même har-
» dieſſe que vous, n'ont pas choiſi la
» même route. »

En examinant la conduite, & des
Apôtres qui ayant reçu immédiatement
les inſtructions de Jeſus-Chriſt, s'étoient
approprié ſon eſprit de douceur & de
modération, & des hommes apoſtoli-
ques qui gouvernèrent après eux l'E-
gliſe naiſſante & perſécutée, j'ai cru

appercevoir qu'ils s'étoient toujours
occupés du soin d'écarter de l'enseignement public tout ce qui pouvoit exciter des disputes, & ajouter à la pure
doctrine qu'ils avoient reçue par voie
de tradition, des spéculations auxquelles
le raisonnement auroit pu les conduire.
On disputa sans doute dès que les Grecs
eurent embrassé la religion chrétienne ;
l'Eglise ne s'assembla que pour décider
celles de ces disputes qui devoient in-
fluer sur les mœurs, & le premier concile de Jerusalem prononça, non *des*
décisions de doctrine, mais des réglemens
de conduite. Les Apôtres prêchent-ils
les mystères ? c'est avec une simplicité
& une précision qui n'a jamais pour but
de satisfaire la curiosité, mais de fixer
le dogme; & sur-tout d'exciter la reconnoissance & l'amour. *Que sont deve-*
nus, dit Saint Paul, aux Corinthiens,
les Sages & les Esprits curieux (a)?
Dieu n'a-t-il pas convaincu de folie la
sagesse de ce monde ? Pour moi, mes
frères, je n'ai point fait profession de
savoir autre chose parmi vous que Jesus-

_____

(a) I. Corinthiens, Chap. 1 & 2.

Christ, & Jesus-Christ crucifié. Il dit ailleurs à Timothée son disciple : *Ne vous amusez point à des fables & à des discussions sans fin, qui servent plus à exciter des disputes, qu'à fonder par la foi l'édifice de Dieu. Fuyez,* lui dit-il encore, *les profanes nouveautés de paroles, & toute doctrine contraire qui porte faussement le nom de science.*

Les Grecs devenus Chrétiens ne perdirent point, en embrassant la foi, l'habitude de traiter systématiquement toutes les matières abstraites, auxquelles les Philosophes les avoient accoutumés. La métaphysique de Platon qui enseignoit le dogme de l'unité de Dieu, favorisa peut-être elle-même les progrès du Christianisme, & les Pères de l'Eglise ne negligèrent jamais les preuves que la raison nous fournit, pour ramener à la Religion naturelle ceux que l'idolatrie & la superstition en avoient écartés. Cependant ils n'employèrent jamais le raisonnement hors de sa sphère; l'existence & l'unité de Dieu est une des vérités que la raison nous enseigne; & comme, avant que de s'approcher de Dieu par la religion révélée, il faut commencer par apprendre de la raison qu'il existe, la primitive Eglise fit souvent usage de celle-ci pour établir cette grande vérité ; elle raisonna également pour faire valoir les preuves de fait qui attestoient la révélation. C'est ainsi que Jesus - Christ lui - même , son Chef, avoit instruit ses Apôtres, en leur expliquant les prophéties, & en prouvant sa mission (*a*) par leur accomplissement.

Mais si l'Eglise n'employa le raisonnement que pour établir des faits, & pour tirer de ces faits des argumens victorieux en faveur du Christianisme, plusieurs Philosophes Chrétiens se laissèrent entraîner plus loin : ils voulurent traiter le fonds même des dogmes, comme ils étoient habitués à traiter les problêmes métaphysiques. Plusieurs questions s'élevèrent, & l'on essaya d'accorder nos mystères avec les principes de cette Philosophie à laquelle on étoit accoutumé. Les uns voulurent tirer des conséquences & imaginèrent de nou-

---

(*a*) Et commençant par Moyse , & prenant ensuite tous les Prophètes , il leur expliquoit , dans toutes les écritures, ce qui y avoit été dit de lui. *Luc.* 24 27,

velles

velles propoſitions qu'ils regardèrent comme appartenantes à la foi ; les autres voulurent faire briller leur eſprit, & ſe crurent des Chrétiens plus parfaits, en expliquant à la raiſon ce qui étoit inintelligible pour elle.

Que firent les Evêques, & que voit-on dans les premiers Conciles ? Tous les Paſteurs reconnurent alors unanimement, que ce n'étoit point par une diſcuſſion philoſophique que l'on devoit traiter les queſtions élevées par la curioſité. On conſultoit les monumens ; on interrogeoit le dépôt de la tradition ; on confrontoit l'opinion préſentée par les nouveaux Docteurs, à l'enſeignement public que l'on trouvoit dans les écrits des Apôtres & de leurs ſucceſſeurs. On ne raiſonnoit point ſur le myſtère, mais on diſoit : voilà ce qui a été cru, profeſſé, enſeigné par les Apôtres & par leurs Diſciples ; Pierre, Jean, Paul ont penſé ainſi. Telle a été la doctrine qu'ils ont reçue de leur Maître, telle eſt celle qu'ils ont tranſmiſe à leurs Diſciples ; Polycarpe. Ignace l'ont reçue & l'ont laiſſée aux Evêques, leurs ſucceſſeurs. Ainſi le dépôt ſe conſerva par voie de tradition ; on ne permettoit

D

au raisonnement, ni de l'altérer, ni d'y ajouter : telle fut la méthode de l'Eglise enseignante.

Si tous les membres de l'Eglise enseignée s'y fussent également conformés, on n'eût point vu s'élever toutes ces hérésies qui ont successivement armé le zèle des Conciles, & disparu devant leur autorité. Ceux-ci n'ayant point à prononcer sur une infinité de questions que l'esprit de curiosité livroit sans cesse à l'esprit de dispute, nos symboles seroient peut-être encore ce qu'ils furent au commencement du Christianisme, & plusieurs décisions eussent été aussi inutiles, qu'elles sont aujourd'hui respectables & sacrées.

Mais tandis que les bons Evêques, simples gardiens du dépôt, s'appliquoient uniquement à conserver le dogme tel qu'il leur avoit été confié, une foule de Chrétiens inconsidérés, placés, comme le dit très-bien un Auteur aussi religieux que philosophe (*a*), » entre l'autorité de la révélation qui » leur proposoit des mystères, & le

***

(*a*) L'Abbé Pluquet, Histoire des hérésies.

» desir de s'éclairer, qui fait sans cesse
» effort pour comprendre, crurent les
» mystères, & tâchèrent de les rendre
» intelligibles. « Les efforts que la raison
fit pour y parvenir, la firent tomber
dans deux excès, dont le premier est
bien plus inexcusable que le second,
mais qui tous deux l'égarèrent.

Quelquefois en avouant qu'elle devoit se soumettre à la religion révélée,
elle attaqua le mystère en lui-même;
elle le nia, & elle soutint qu'il ne faisoit
pas partie de la foi, précisément parce
qu'elle ne pouvoit le comprendre. Ainsi
dans les premiers siècles de l'Eglise,
Arius nia la divinité de Jesus-Christ, &
ne vit, dans le Réparateur, qu'une
créature élevée à une perfection surna-
turelle. Ainsi, de nos jours, les Protestans ont nié la présence réelle, quoique prouvée par l'Evangile, & cons-
tamment attestée par la tradition.

D'autres fois la raison, sans nier le
mystère, voulut le pénétrer, l'approfondir, y découvrir des vérités abstraites & inutiles; tels furent les Nesto-
riens qui divisoient le Christ, en distin-
guant, en lui, deux personnes; les Eutychéens qui, donnant dans un excès

oppofé, pour défendre l'unité de la perfonne du Chrift, n'admirent, en lui,
qu'une feule nature ; les Monothélites
enfin qui, voulant expliquer comment
deux natures ne formoient qu'une feule
perfonne, prétendirent qu'elles n'a-
voient qu'une feule action & une opération unique.

Il étoit très-aifé de réprimer le premier de ces deux abus, car le dogme
étant très-pofitivement révélé, & ayant
été conftamment cru par toute l'Eglife,
il ne s'agiffoit que d'accumuler les monumens de la tradition. Il n'y avoit
point là à raifonner fur le myftère,
mais à confronter les témoignages qui
l'atteftoient : c'eft ce que l'on fit au
Concile de Nicée, c'eft ce que l'on a
fait dans le Concile de Trente : l'E-
glife n'étoit pas obligée de fuivre fes
ennemis au-delà des bornes du domaine
de la Foi ; la guerre fe faifoit fur le
territoire même qu'elle eft obligée de
défendre.

Le fecond abus de la raifon obligeoit
au contraire les Pafteurs, s'ils vouloient la fuivre, à faire une excurfion
dans les vaftes régions de la métaphy-
fique ; il s'agiffoit d'empêcher l'abus de

la science, & d'étouffer des divisions qui agitoient les esprits, altéroient la charité, & étoient sur le point d'occasionner des schismes. L'Eglise avoit deux moyens à employer, & il faut convenir qu'elle étoit maîtresse du choix ; elle pouvoit, ou imposer silence à la curiosité, ou l'empêcher de s'égarer ; l'arrêter dans sa marche audacieuse, ou la conduire avec sagesse & précaution.

Dans le premier cas, elle eût dit à ces esprits trop avides de connoître ce qui est au-dessus de toute intelligence : » Que vous importent ces spéculations » qui vous divisent ? Le Verbe s'est fait » chair, l'Homme-Dieu a répandu son » sang & vous a rachetés, il vous a » mérité le bonheur dont l'ancienne » prévarication vous avoit rendus in- » dignes : ressuscité, il est encore votre » médiateur & votre modèle, il vit, » il respire au milieu de vous dans le » sacrifice, il répand sur vous son es- » prit & ses graces ; & ses sacremens » sont autant de canaux par lesquels ses » mérites coulent jusqu'à vous. Voilà » les dogmes que vous avez à croire ; » ils ne sont point destinés à fermenter

D iij

» dans votre imagination , mais à
» échauffer votre cœur , & à nourrir
» votre amour. Que vous importe tout
» le reste ? Qu'avez-vous besoin de
» connoître ce que le Verbe est en
» Dieu & avec Dieu ? Pourrez-vous
» jamais concevoir l'inexplicable ca-
» ractère de cette union ineffable qu'il
» a voulu contracter avec la nature
» humaine ? Soumettez-vous à son ac-
» tion , sans chercher à l'approfondir ;
» rien de ce que vous voulez connoître
» ne peut ajouter à vos devoirs ; ado-
» rez, soumettez-vous à ce qui vous a
» été clairement révélé , & n'interro-
» gez plus la Divinité sur tout ce qu'elle
» a couvert d'un voile impénétrable à
» votre intelligence. «

Si en prenant cette voie, les Pasteurs
eussent pu se flatter d'effacer jusqu'à la
trace des partis, & de rétablir, parmi
les esprits divisés, la concorde la plus
parfaite , le silence eût été prescrit :
mais la curiosité avoit parlé trop haut,
& s'étoit exercée trop long-temps sur
ces matières. Ce n'est pas tout, la puissance temporelle avoit eu l'imprudence
de se mêler de ces disputes qui lui
étoient étrangères. Les Empereurs en-

vironnés de Moines, de Théologiens & de femmes, avoient fait, de toutes ces questions, des affaires d'Etat; & toutes les fois que ce qui doit régler la croyance devient une occupation principale pour la puissance qui n'est chargée que de régler les actions, comme il faut à celle-ci des lois, la puissance éccléfiastique se trouve absolument obligée d'en faire elle-même.

Saint Cyrille, ce grand Patriarche d'Alexandrie qui combattit avec tant de force les erreurs de Nestorius, lorsque celui-ci eut répandu ses écrits dans le Public, avoit été, lui-même, de l'avis du silence, tant qu'il avoit cru le silence possible; il avoit écrit aux Théologiens qui lui avoient déféré les opinions du Patriarche de Constantinople, QU'IL AUROIT SOUHAITÉ QUE L'ON N'AGITAT PAS CES QUESTIONS, & *que cependant il croyoit que Nestorius étoit dans l'erreur* (a). Dans l'affaire du Monothélisme, le Pape Honorius conseilla aux Evêques de ne point se servir des termes d'une seule volonté ou d'une

_____

(a) Cyrillus, Ep. ad Coelestin.

seule opération, comme aussi de ne point dire qu'il y eût deux volontés en Jesus-Christ ; & le Type de Constant, qui prescrivoit le silence, ne fut condamné à Rome, en même-temps que l'erreur des Monothélites & l'Ecthèse d'Héraclius, que parce que les premiers Pasteurs jugèrent avec raison, que l'Empereur n'avoit aucun droit, ni d'imposer silence aux Evêques, ni de prononcer aucune décision sur ces matières.

Mais lorsqu'on lit dans l'histoire les troubles civils que toutes ces disputes excitèrent dans l'Empire, les exils, les proscriptions, les confiscations prononcées contre ceux qui ne pensoient pas comme les Empereurs qui, eux-mêmes, étoient tantôt pour & tantôt contre l'avis de leur Patriarche : lorsqu'enfin on voit l'Eglise de Sainte-Sophie ensanglantée le vendredi saint, & 10,000 Citoyens égorgés dans une émeute populaire, parce que Pierre le Foulon fit ajouter au *Trisagion*, *qui crucifixus es pro nobis, miserere nobis*, vous qui avez été crucifié pour nous, ayez pitié de nous (*a*) ; on sent quels motifs de charité

_____

(*a*) Rien de plus orthodoxe que cette

déterminèrent l'Eglife à terminer enfin ces difputes par des décifions folemnelles : il étoit moins queftion d'éclairer les efprits, que de les foumettre pour les réunir.

Le Concile d'Ephèfe, celui de Chalcédoine, & le deuxième Concile de Conftantinople, définirent donc ce que les Catholiques devoient croire, & le langage qu'ils devoient tenir; mais quelle méthode fuivirent-ils pour cela? Tant que l'on avoit difputé, chaque parti avoit employé des raifonnemens à perte de vue fur des chofes que ni les uns ni les autres n'entendoient; car je n'imagine pas que le terme *d'hypoftafe,* par lequel on caractérifoit l'union du Verbe à l'humanité, fût deftiné à expliquer bien clairement cette union ineffable, ni que le terme *d'opération Théandrique,* imaginée par les Monothélites, pour concilier & réunir, s'il eût été poffible, les Neftoriens & les Eutychéens, préfentât à l'efprit une idée claire de l'action qu'on vouloit définir. On avoit

___

prière, mais les zélés Catholiques qui excitèrent la fédition, craignirent que l'on n'en pût induire que la Divinité avoit fouffert.

multiplié les argumens métaphysiques;
les Théologiens avoient enfanté des
volumes : les Pères de l'Eglise, assem-
blés pour réunir les esprits & fixer le
dogme, examinèrent les livres saints,
& les actes du Concile de Nicée. Ils
ramassèrent tout ce qui, dans les écrits
des successeurs des Apôtres, pouvoit
indiquer ce qu'ils avoient pensé sur ces
grandes questions, qu'aucun d'eux cependant n'avoit agitées. On écouta les
raisonnemens des Docteurs, mais on
ne raisonna point, & l'on consulta la
tradition; ce qui avoit été cru par le
plus grand nombre des Pasteurs, sans
qu'ils crussent même devoir en instruire
le commun des Chrétiens, reçut, dans
ces trois Conciles généraux, la sanction
d'une décision œcuménique : on anathé-
matisa, comme rebelles à l'autorité de
l'Eglise, tous ceux qui, dorénavant,
tiendroient un langage différent du sien.
Mais regarda-t-on, & la doctrine, &
les raisonnemens qui avoient si long-
temps occupé les Evêques, comme exigeant une foi explicite, telle que celle
qui est due au mystère de l'Incarnation ?
Non, sans doute, car quiconque se
soumit sincèrement aux régles de foi

prononcées par les trois Conciles ; quiconque, ſe réuniſſant à l'Egliſe, admit
dans ſa profeſſion de foi les termes dont
ils s'étoient ſervis dans leurs déciſions,
put, en ſûreté de conſcience, ignorer
même les queſtions que l'on y avoit
agitées ; & encore aujourd'hui, une
foule d'excellens Chrétiens ſe ſauvent
tranquillement, qui, pleins de reſpect
pour tout ce que l'Egliſe a décidé, ont
le bonheur d'ignorer que pendant un
ſiècle entier l'Orient & l'Occident ont
été en feu pour ces diſputes. J'ajouterai
que lors même qu'elles excitoient dans
tous les eſprits une ſi violente fermentation, un Chrétien à qui des Théologiens de la Cour de Conſtantinople
euſſent demandé : Comment entendez-
vous l'union du Verbe avec l'humanité?
& qui eût humblement répondu : *Je la*
crois, mais je ne l'entends pas ; je veux
être baigné dans le ſang de l'Homme-Dieu,
mais l'Homme-Dieu ſera toujours pour
moi un myſtère inexplicable ; un tel Chrétien, dis-je, eût été moins ſavant que
tous les gens qui diſputoient alors,
mais eût été tout auſſi bon Catholique
qu'eux.

Concluons de ce que j'ai dit juſqu'ici,

que ce n'est point l'Eglise qui a franchi, dans aucun tems, les bornes qui lui étoient assignées par l'inaltérable tradition ; ce sont ses ennemis d'un côté, ses indiscrets défenseurs de l'autre. Elle a elle-même toujours cherché à les ramener dans l'enceinte qu'elle surveille, & ce n'est que pour cela qu'elle a été quelquefois obligée de les suivre.

Comme j'écris pour mon siècle & pour mon Pays, aux exemples que je viens de citer, j'en ajouterai un moins étranger à mes Lecteurs ; il prouvera peut-être que lorsque la Théologie s'écarte des bornes prescrites à la foi, l'Eglise n'a pas toujours besoin d'assembler des Conciles ; & que moins on donne de valeur aux disputes, plus on est assuré d'en voir amortir la chaleur.

L'action de Dieu sur le cœur de l'homme, & la manière dont s'opère notre salut par sa grace, a été de tout tems un des grands objets de la curiosité humaine ; l'Eglise qui ne s'est jamais piquée de la satisfaire, a toujours sur cela, enseigné deux vérités fondamentales. *L'homme est libre*, voilà la première ; & cette vérité, mon propre sentiment m'en convaincra toujours, non, sans doute, aussi certainement que la révélation, mais plus sûrement encore que la raison. Le second dogme que ia foi me propose à croire, est celui-ci : *Dieu est, par la grace de Jesus-Christ, l'auteur de toute bonne action qui doit me conduire au salut.* Ces deux propositions qui suffisent pour entretenir dans mon ame, & la juste défiance de mes forces, & l'idée du besoin que j'ai de la grace, & la reconnoissance que je dois à son secours, sont aussi les seules qui m'aient été découvertes par la révélation. Donc quiconque fera profession de les croire, conservera certainement la foi de l'Eglise ; on ne pourra lui imputer, ni l'héréfie des Pélagiens qui n'admettoient point la nécessité de la grace, ni celle des Manichéens qui nioient la liberté.

Autour de ces deux dogmes, qui sont pour moi une base solide sur laquelle ma foi se repose, j'apperçois une foule de Docteurs qui tous les croient comme moi : mais ce n'est pas assez de croire, on veut encore raisonner ; & d'abord, si Dieu lui-même fait le bien, comment l'homme est-il libre ? Voilà la première question que se fait la raison.

Pour expliquer ce *comment*, elle cherche toute les manières dont Dieu peut
agir sur notre cœur : or , quand elle
pourroit les deviner toutes , je défie
qu'elle en puisse connoître aucune avec
certitude , encore moins l'appercevoir
avec évidence. Car avant que de connoître , & pour connoître les rapports,
il faut s'assurer des termes. Ici toute
équation est impossible, les grandeurs
inconnues sont trop loin de moi & tout
rapport est incommensurable ; je ne puis
donc enfanter que des hypothèses. Où
me conduiront-elles ? jamais à une vérité évidente , jamais à une pratique
nécessaire , ou même utile. Je dis donc
aux Théologiens : mes amis, soumet-
tons - nous , & qu'il me suffise de
croire.

De croire ! me répond l'un d'eux ,
à la bonne heure ; mais comment l'en-
tendez-vous ? car c'est de la manière
dont vous l'entendez que dépend la
pureté de votre foi. Je lui réponds :
» Cela est injuste, car l'Eglise ne m'a
» pas ordonné d'entendre , mais de
» croire ; que gagnerez - vous donc à
» m'expliquer ? «

Vous pouvez avoir raison , me réplique-t-il, mais ces vérités ſont trop belles, trop précieuſes, trop importantes, pour que nous ne cherchions pas à les approfondir & à les pénétrer pour nous en nourrir; là-deſſus il diſſerte, & je ne l'écoute pas, mais d'autres Théologiens l'entendent. Ils ont tous leurs idées; les combattre, c'eſt choquer leur amour-propre; tous parlent donc à-la-fois: tandis que je me repoſe ſur la baſe à laquelle je demeure attaché comme eux, ils s'agitent, ils s'élèvent, ils prennent leur vol, & parcourent, dans des régions ſublimes où mon œil ne peut les ſuivre, des routes différentes & oppoſées. C'eſt-là que les uns découvrent *l'équilibre* & *la ſcience moyenne*; les autres, le *concours*, le *congruiſme*, & la *grace ſuffiſante*; les autres enfin, *la grace efficace par elle-même*. J'entends les mots de *liberté antécédente*, & ceux de *liberté conſéquente & hypothétique*; de *grace incréée*, qui n'eſt que l'action de Dieu, & de *grace créée*, qui n'eſt que l'effet de cette action. L'un dit, mon ſyſtême eſt celui de Saint Auguſtin; l'autre répond auſſitôt, le mien eſt bien clairement expliqué dans Saint Thomas. Chacun expoſe ſa

manière de voir dans des matières où
il ne faut point voir, mais croire, & se
soumettre. Une foule de Savans accu-
mulent les argumens & les citations :
ma curiosité ne seroit point satisfaite,
mais elle pourroit du moins s'amuser
de ces découvertes, si on ne me les
donnoit que pour ce qu'elles sont, mais
malheureusement, dans tout ceci, je
trouve beaucoup plus de chaleur que
de lumière, & cette chaleur n'échauffe
que les têtes & non les cœurs.

En effet, tous ces Docteurs qui sont
partis des mêmes articles de foi que,
graces à Dieu, ni les uns, ni les autres
n'abandonnent, se trouvent bientôt fort
éloignés les uns des autres : chacun
d'eux croit tenir la vérité, il la croit
très-nécessairement déduite du dogme,
il la prend pour le dogme lui-même ;
il accuse donc son adversaire de le nier,
précisément parce qu'il n'en tire pas les
mêmes conséquences que lui, ou parce
qu'il n'en donne pas la même explica-
tion. Bientôt le zèle si louable que l'on
doit avoir pour sa foi, s'échauffe pour
des opinions. Chacun ne se dit point
assez que toute vérité n'est point un
dogme.

Pour moi, qui n'ai pas fait un pas pour les ſuivre, étourdi par leurs cris, importuné par le ſpectacle de leurs interminables combats, ſi j'oſois, je les rappellerois tous au terme dont ils ſont partis ; je leur dirois : répondez-moi clairement, croyez-vous tous, les deux articles de foi dont vous cherchez, depuis ſi long-temps, à me faire comprendre l'accord inexplicable ? Si tous me répondent unanimement, *nous les croyons*, je leur dirai : malgré tous vos efforts, vous êtes tous Catholiques, car ſur les ſeuls points révélés, vous conſervez la foi de l'Egliſe ; vous pouvez errer, mais c'eſt ſur des queſtions qui ne ſont point partie du dépôt qui lui eſt confié. Diſputez donc encore ſi vous le voulez, mais n'exigez plus que nous prenions parti dans vos querelles ; ſur-tout reſpectez le trône & les occupations de celui qui y eſt aſſis ; ſi vos diſputes intéreſſent la foi, elles ſont trop au-deſſus de lui ; ſi elles n'ont, pour objet, que des opinions théologiques, elles ſont trop au-deſſous : ce que les hommes doivent ou peuvent penſer, eſt hors de la portée de ſes devoirs, &, s'il vous laiſſe diſputer, du moins ne le

forcez pas à vous empêcher de vous
quereller, ou de vous battre.

Dans ce tableau raccourci, je viens
peut-être de peindre notre siècle ; j'ai
fait, en peu de mots, l'histoire de nos
folies : comment concevra-t-on en effet,
que des disputes théologiques sur la
grace, c'est-à-dire sur l'action ineffable
par laquelle Dieu lui-même tourne &
dirige notre volonté, aient été, pendant si long-tems en France, un sujet
de trouble pour les peuples, & d'occupation pour le Ministère ? Plusieurs
Docteurs avoient disputé de bonne-foi ;
mais les Corps, mais les écoles qui se
saisirent de ces disputes, n'ont pas toujours eu la même pureté d'intention.
L'intrigue se sert de tout : les uns ont
trouvé dans ces querelles des moyens
de terrasser, de discréditer leurs rivaux, ou même de s'élever sur leurs
ruines ; les autres, en échauffant les
imaginations ardentes des dévots & des
femmes, sont devenus respectables,
comme chefs de parti, & redoutables
même comme disposant de l'enthousiasme des peuples, & pouvant armer leur
fanatisme. Quelques Théologiens se
sont dits les défenseurs de la foi, & ont

approché de l'oreille des Rois ; d'autres enfin ont ambitionné l'honneur d'être perfécutés, moyen qui, au défaut du premier, a quelquefois réuffi, même aux Philofophes.

Ce n'eft pas tout ; la perfécution même s'en eft effectivement mêlée, & cela ne pouvoit pas être autrement, car elle marche toujours à la fuite de l'intrigue : cette perfécution, il eft vrai, n'a point été cruelle & atroce, comme celle que les Empereurs Grecs faifoient effuyer aux Diffidens. Le fanatifme du Peuple n'a pas non plus enfanglanté les Temples : auffi l'Eglife ne s'eft point crue obligée d'affembler des Conciles ; mais on s'eft haï, on s'eft dit des injures, on a follicité, &, qui pis eft, obtenu des lettres de cachet ; on a rendu de bons Evêques odieux au Souverain : pourquoi ? parceque Janfenius, voulant aller plus loin que Saint-Auguftin, avoit très-mal-à-propos ajouté un étage à l'édifice théologique de ce Père de l'Eglife, & parce que Quefnel, après lui, avoit voulu trouver dans les trois premiers chapitres de l'Evangile de Saint Matthieu, jufqu'à dix-fept effets de la grace efficace par elle-même.

Port-Royal a disparu ; les Jésuites ont
été détruits ; après les Jésuites..... Je
m'arrête , & je me contente de demander aux Théologiens : quels avantages
votre curiosité a-t-elle procurés à votre
Patrie ? Vos spéculations étoient vaines ;
cette vapeur légère a passé, & je ne vois
après elle que des ruines ; hélas ! nous
ne disputerions peut-être pas aujourd'hui
sur le despotisme , si vos belles découvertes n'avoient enfanté le Jansénisme.

Je ne m'adresse ici qu'aux Docteurs ;
je respecte l'Eglise, j'admire sa sagesse ,
& je reconnois l'esprit qui la guide.
Elle n'a point assemblé de Conciles : &
quel est l'appelant raisonnable qui se
flattât que toutes ces questions en va-
lussent la peine ? Qu'a-t-elle donc fait ?
Elle n'a ni défini , ni fixé aucun dogme ;
nos anciens symboles nous suffisent. Ces
deux vérités si frappantes que j'ai ex-
posées plus haut , étoient crues du temps
de Saint Augustin , & si on disputa sur
le reste , on ne décida que celles-là.
L'Eglise s'est donc contentée de pros-
crire des nouveautés de langage , qui
conduisoient à des nouveautés d'opinion ; des livres inutiles avoient excité
le trouble , elle les a condamnés : elle

a dit à fes enfans, *ne les lifez plus*; elle n'a pas voulu nous éclairer fur des queftions inutiles, mais elle a réclamé la foumiffion qui eft toujours un devoir. Tout étoit dit, fi, de ce moment, l'autorité temporelle eût ceffé de fe mêler de toutes ces affaires.

Mais il faut avouer que fi les Evêques avoient pris, comme Juges, un excellent parti; quelques-uns d'eux en prirent un très-mauvais, comme hommes. Cette obéiffance que l'Eglife avoit le droit d'exiger, ils voulurent que ce fût le Roi qui fe chargeât de la lui faire rendre. On fit donc des efforts très-impuiffans pour changer la nature des chofes. Un jugement de doctrine eût-il été enregiftré dans tous les Parlemens, eût-il eu même l'acquiefcement des Etats-Généraux, ne pouvoit jamais devenir une loi de l'Etat; tout a fes bornes dans le monde, & celles que la Nature a pofées font immuables. On perpétua donc le mal lorfque l'on voulut ranger, parmi les Ordonnances de nos Rois, qui règlent les actions & affurent les droits des Citoyens, des décrets qui, pour être exécutés, n'exigeoient que l'acquiefcement intérieur

& le filence. Auffi continua-t-on de
s'agiter, on ne ceffa point de fe haïr;
l'autorité fpirituelle ne gagna rien qu'a-
vec les armes qui lui font propres, &
l'autorité temporelle décrédita quelquefois, & compromit fouvent celles qui ne
lui avoient point été données pour cet
ufage. Les Evêques ont fini par être eux-
mêmes mécontens ; &, du jour que le
Gouvernement a ceffé de fe mêler de
toutes ces difcuffions théologiques,
les miférables reftes du Janfénifme, ou
ont difparu, ou n'ont plus ofé fe montrer.

En effet, le poids que ces fortes de
controverfes acquièrent quelquefois,
ne vient jamais de leur valeur réelle;
le dogme que l'Eglife a défini eft refté,
c'eft un or pur qui nous a été tranfmis;
tout l'alliage que l'efprit humain a voulu
y ajouter depuis, dès qu'il n'a pu s'y
amalgamer, eft demeuré, ce qu'il étoit,
opinion, imagination, fyftême. Tout
cela auroit eu encore quelqu'exiftence, fi
l'on eût pu y appercevoir quelques rapports avec notre bien-être, avec les avantages que l'homme peut chercher à fe
procurer dans cette vie. Mais toutes ces
fpéculations n'ayant de liaifon qu'avec

les dogmes de foi, dont elles étoient, ou de mauvaiſes explications, ou des inductions téméraires, dès que l'autorité de l'Egliſe les en a ſéparées, n'ont plus tenu à rien dans le monde; elles étoient & elles ſont encore de véritables chimères, des fantômes deſtinés à errer dans les écoles, & dont l'eſprit de diſpute ſe laſſe à la fin, parce qu'il lui faut, au bout d'un tems, de nouveaux objets. Qui eſt-ce donc qui a, pour ainſi dire, prolongé leur exiſtence éphémère? L'intrigue & les paſſions, lorſqu'elles ont pu s'en ſaiſir; mais celles-ci cherchoient des armes, & elles n'euſſent embraſſé qu'un nuage, ſi le Gouvernement eût conſervé, ſur tous ces objets, non-ſeulement l'impartialité, mais l'indifférence même qui lui convient.

Auſſi voyez ce que ſont devenues toutes ces opinions théologiques qui, depuis le commencement de l'Egliſe, ont, ſans ceſſe, erré autour de nos dogmes ſacrés, comme des tourbillons de pouſſière voltigent autour d'une colonne de marbre; ſi la poudre s'y attache, c'eſt une craſſe que l'on eſſuie de tems en tems; le reſte eſt emporté par les vents, il tombe à la fin pour

laisser appercevoir l'éternel monument
dont il a, pendant quelque tems, dérobé
la vue. De vastes bibliothèques con-
tiennent encore les tableaux de ces dé-
lires successifs ; là se trouve l'histoire des
hérésies de toute espèce , tant d'explications , tant de commentaires , tant de
vaines discussions qui , ne pouvant augmenter le dépôt de la foi , n'ont ajoûté
à nos connoissances naturelles , ni un
objet d'utilité , ni un degré de certitude.
Quel est l'homme sage qui voulût aujour-
d'hui débrouiller ce chaos d'opinions ? Si
l'immense bibliothèque d'Alexandrie
n'eût contenu que des recueils de cette
espèce , l'ignorance & la barbarie des
Sarrazins eût , j'ose le dire , servi l'humanité. Quelles sont les vérités qui
survivront toujours aux disputes & sur-
nageront sur les abîmes creusés par la
curiosité ? D'un côté , les saintes , mais
incompréhensibles vérités que , depuis
les Apôtres , les Pasteurs de chaque
siècle ont transmises aux Pasteurs du
siècle suivant ; d'un autre côté , cette
foule de vérités accessibles à la raison,
& par elle découvertes , soit pour remplir les besoins naturels de l'homme,
soit pour perfectionner son bonheur, &

le

le faire concourir à celui de ſes ſemblables.

On a ſouvent blâmé les premiers
Paſteurs de l'Egliſe , de n'avoir pas tout
d'un coup terminé les diſputes théologiques., en définiſſant nettement ce que
l'on devoit croire ; on a même quelquefois reproché aux Souverains, de
n'avoir point exigé de l'Egliſe des
corps de doctrine clairs & préeis. On
auroit, nous a-t-on dit pluſieurs fois,
terminé par-là de longues querelles ,
on auroit ôté tout prétexte au zèle in-
conſidéré de quelques Evêques moins
éclairés que pieux : car le point de
réunion étant certain , l'équivoque n'auroit pu ſervir les intrigues des partis ;
il convient toujours à la vérité d'é-
carter les ténèbres , l'erreur ſeule cherche des voiles. J'étois frappé de ce raiſonnement dans cet âge bouillant où
l'eſprit veut tout ſavoir , tout embraſſer,
tout définir ; & je ſuis encore perſuadé
aujourd'hui, que les déciſions de l'E-
gliſe ne doivent point reſſembler à ces
oracles des Payens , qui préſentant toujours un double ſens à l'imbécile qui les
conſultoit, laiſſoient un adroit ſubter-

E

fuge au fourbe qui les rendoit : cependant, lorfque j'ai fait attention au caractère augufte de nos dogmes , je me fuis, peu à peu, convaincu qu'au milieu des difputes que l'Eglife vouloit appaifer, il a prefque toujours été plus expédient de condamner , que de canonifer une opinion. En effet, comme tout ce qui eft clairement défini par l'Eglife doit être cru , comme faifant partie de fa foi , fi , fur toutes les difputes qui fe font élevées, elle eût dû former des corps de doctrine , nous aurions aujourd'hui des volumes de dogmes. L'Eglife a été infiniment plus fage que ne l'étoient les Théologiens dont elle jugeoit les difputes. Elle a elle-même connu les bornes de fon empire ; ce que l'efprit humain vouloit bâtir , elle s'eft crue fouvent obligée de le détruire : mais l'immortel édifice confié à fa garde , eft l'ouvrage de Dieu , & auffi ancien qu'elle ; elle a craint d'y rien ajouter , & elle aime mieux permettre à la curiofité quelques opinions inutiles , qu'impofer un nouveau joug à notre croyance. Elle a voulu donner la paix en exigeant l'obéiffance , elle ne s'eft point crue chargée d'éclairer en faisant des découvertes ; & lorsqu'après ses décisions, les disputes ont continué, c'étoit bien moins l'ignorance qui demandoit à être instruite, que l'indocilité qui refusoit de se soumettre.

Deux choses m'ont toujours également étonné dans deux sortes de personnes qui croyent également la nécessité & la vérité de la révélation. L'une est cette indocilité qui résiste aux décisions de l'Eglise ; l'autre est l'opiniâtreté avec laquelle les Docteurs ont exigé que l'on acquiesçat à leurs opinions.

1°. S'il est vrai que toutes les vérités de foi nous ont été révélées, & que l'Eglise seule est l'infaillible juge qui puisse discerner ce qui appartient à la foi, d'avec ce qui lui est étranger, il me semble qu'il ne nous en doit rien coûter pour nous soumettre à ses décisions. Nous oblige-t-on en effet d'y sacrifier des vérités évidentes & utiles ? Non ; tout ce que l'on exige alors que nous abandonnions, se réduit à des opinions qui ne nous mènent à rien, & qui n'étant ni évidemment prouvées

à notre raison, ni chères aux intérêts de
notre bonheur, ne peuvent être à nos
yeux d'aucun prix, dès qu'il est certain
qu'elles ne font point partie du dogme
révélé. C'est donc alors l'orgueil qui
combat contre l'autorité, & c'est, j'ose
le dire, l'orgueil le plus mal entendu &
le plus aveugle; car il n'a rien à défendre, ni de bon, ni d'utile.

2°. Je dirai la même chose de celui
qui lutte contre la foiblesse d'une confcience timorée, & qui se fait une gloire
cruelle de captiver une intelligence
bornée sous le joug de ses propres spéculations : quelque beau, quelque fu-
blime que puisse paroître à un Théologien, le système qu'il a conçu, quel
autre motif que celui de la vanité, peut
lui faire desirer avec tant d'ardeur les
honneurs du triomphe pour ses opinions?
Sera-ce l'intérêt de ceux auxquels il
veut les persuader? Cet intérêt est nul,
dès que l'Eglise ne les a point mises
au rang des vérités dont elle est la gar-
dienne : persuadez-moi alors si vous le
pouvez, ce n'est que de cette manière
que la vérité peut faire des conquêtes;
& puisque vous n'avez point pour vous

l'autorité de la révélation , n'invoquez que celle de la raison ; mais imitez sa marche , & n'employez que ses armes. L'intolérance du Théologien est donc aussi déraisonnable que l'indocilité du Chrétien rebelle , mais elle est encore plus injuste ; car l'un croit défendre sa liberté , qu'il est juste , qu'il est nécessaire , mais qu'il est quelquefois dur de soumettre ; l'autre veut établir sa domination , & régner sur les esprits , sans titre de sa part , sans intérêt de la leur.

Je n'ai jamais été surpris de la curiosité de l'esprit humain ; elle indique sa destination , elle le conduit à la remplir ; mais ce qui m'a souvent étonné, c'est le prix que nous mettons à nos découvertes , c'est l'enthousiasme avec lequel nous les chérissons , c'est la passion, & quelquefois la fureur avec laquelle nous les défendons. Salomon avoit essayé de presque toutes les jouissances, & parmi celles-là il comptoit celles des vérités qu'il avoit apperçues , mais il ne distingua rien lorsqu'il s'écria : *Vanité des vanités , & tout n'est que vanité !*

J'ai parlé aux Philosophes en finissant
la première partie de cet Essai ; s'il m'é-
toit permis maintenant de m'adresser aux
Théologiens., je prendrois la liberté de
leur dire : deux objets doivent exciter
votre zèle ; l'irréligion de l'impie qui
attaque les fondemens de la foi ; les erreurs du novateur qui en altère les dogmes. Distinguez ces deux ennemis, & ne
confondez point les armes qui doivent
repousser leur licence.

Voulez-vous triompher des efforts que
l'on fait contre la Religion ? Ne com-
battez que pour elle , prenez le bouclier
de la foi , ne déployez jamais les drapeaux de l'opinion ; ôtez sur - tout à
l'impie le triste avantage qu'il prétend
se donner , en identifiant avec nos
dogmes augustes & avec notre morale
sublime , les recherches inutiles de la
curiosité , & les minutieuses pratiques
de la superstition. Laissez l'homme attaquer l'ouvrage de l'homme , Dieu ne
vous a chargés que de la défense du sien.
La Religion est une citadelle bâtie au
milieu des flots ; sur un rocher aussi ancien que le monde : le sommet en est ca-
ché dans les cieux ; mais l'œil de l'homme

reconnoît & admire la ſolidité des fondemens. Ont - ils beſoin d'une digue
élevée par vos mains ? La Philoſophie
ſe promène autour des remparts ; elle
conſulte la raiſon, elle ſemble méditer
des attaques, elle croit découvrir des
endroits foibles : elle ſe trompe ; il
n'y a de foible que ce que l'homme
a conſtruit : vous pouvez lui ouvrir les
portes ; ſi elle a des intentions droites,
vous la forcerez de reſpecter nos myſtères ; ſi elle eſt de mauvaiſe foi, elle
les verra ſi fort au - deſſus de ſa tête,
qu'elle pourra, tout au plus, leur in-
ſulter de loin : mais gardez-vous de défendre jamais, contre elle, la ſuperſtition, l'ignorance, les abus ; vous
ajouteriez à ſon orgueil, vous fourni-
riez un prétexte à ſes blaſphêmes ; elle
ſemble, en les attaquant, vous inviter
à combattre pour vos ennemis ; elle
triomphe lorſqu'elle vous voit donner
dans ce piège groſſier ; livrez lui ſa
proie, qu'elle parte avec elle, elle ſera
forcée alors d'avouer que les lumières
de la raiſon, qu'elle a appelée à ſon
ſecours, en éclairant la baſe de l'édifice que Dieu lui-même a conſtruit, en

découvrent la solidité , mais n'atteindront jamais à sa hauteur.

Avez-vous à repousser l'audace des systêmes & la licence des spéculations ? Ne perdez point de vue qu'en matière de foi, l'homme n'a rien découvert, il a tout reçu. Gardiens & Dépositaires de la tradition , poussez la fidélité jusqu'au scrupule , écartez tout alliage de doctrines étrangères ; mais pourvu que le dogme reste inviolable , pourvu qu'il soit clairement avoué par ceux qui ne pensent pas comme vous , ayez & de l'indulgence pour les opinions , & de la charité pour leurs auteurs. Ne permettez à l'homme , ni de nier nos mystères , ni d'y ajouter ; mais en conservant ceux-ci , laissez à vos semblables la liberté d'imaginer & le vain plaisir d'embrasser des chimères. Ne croyez point que toute erreur soit interdite à l'homme , & que toute vérité lui soit nécessaire ; il en est qui doivent nous être chères , il en est de sacrées ; armez-vous pour elles , mais sachez que le nombre en est fixe & borné. Tout le reste est livré aux recherches, aux disputes , à l'enthousiasme même. Le sage

voit, d'un œil serein, les opinions s'é-
lever, se battre, se repousser, régner
& disparoître ; car les résultats de cette
fermentation , que le fanatisme rend
quelquefois orageuse , ressemblent à
cette écume qui se forme sur la surface
des flots agités , & qui se dissipe lorsque
le calme est rétabli. J'ai entendu les
hommes se contredire, je les ai vus se
tourmenter pour des misères. Qu'ont-
ils découvert dans les vastes contrées
que leur curiosité a parcourues ? Leur
raison, s'ils l'eussent consultée de bonne
foi, leur eût répondu : ce pays m'est
inconnu ; & cependant leur raisonnement qu'elle ne pouvoit plus conduire,
s'avançoit à grands pas dans la nuit
& le chaos des hypothèses. Qu'a-t-il
rapporté de ses courses ? O Docteurs !
permettez-moi d'ignorer toute ma vie
le fruit de vos savantes veilles. Avez-
vous rassemblé quelques vérités ? Elles
ne valent ni la peine que vous vous
êtes donnée pour les découvrir, ni les
soins que vous prendriez pour les établir. N'avez-vous recueilli que des erreurs ? Elles valent encore moins ce
qu'il m'en coûteroit de fatigue pour les

réfuter. Apprenez aux hommes à croire ce que Dieu leur a révélé, mais sur-tout à faire ce qu'il leur a ordonné ; & pour arrêter les effets de l'indiscrète curiosité des peuples, imposez quelquefois silence à la vôtre même.

F I N.

NOTE *indiquée à la page* 29.

Quiconque voudra méditer un peu attentivement sur la nature des mystères que la Religion nous propose, sera forcé de convenir, que s'ils sont ineffables & inintelligibles pour nous, ce n'est pas qu'ils impliquent contradiction avec des vérités évidentes, c'est que Dieu, dont nous tenons toutes les idées que notre raison apperçoit, ne nous a donné que celles dont nous avions besoin dans cette vie, pour y acquérir le bien-être qui nous y fut destiné.

Nous n'avons même de mots dans nos langues, que pour exprimer ces sortes d'idées: & c'est cependant dans ces langues bornées & imparfaites, que Dieu a voulu nous révéler toutes les grandes vérités qu'il n'avoit pas voulu que notre raison pût découvrir elle-même,

Ainsi, non-seulement nous n'avons pas les vrais mots des choses que la révélation nous apprend, nous n'avons pour les rendre que des mots impropres, qui nous égareroient si nous nous efforcions de les expliquer.

Le langage dans lequel, tantôt nous parlons à Dieu, tantôt nous parlons de lui, ne nous présente, en effet, que des analogies imparfaites, qui ne peuvent que nous tromper si nous voulons en induire des connoissances qu'il lui a plu de nous refuser Dieu seul con-

noît Dieu tout entier, & une langue qui rendroit
toutes les idées qu'il est le maître de communiquer
à tous les êtres intelligens qui, peut-être, sont ré-
pandus dans toutes les sphères de l'immensité, seroit la langue du Verbe.

Mais il est bien certain que ce que l'homme ne
peut comprendre dans un temps ; peut, dans un
autre temps, devenir très-clair pour lui. Combien
de choses sont connues aujourd'hui, qui eussent
été, il y a mille ans, des mystères incompréhensibles !

M. Bossuet, en faisant l'éloge d'une grande
Princesse qui revint sérieusement à Dieu après
de longues erreurs, nous apprend qu'elle ren-
contra un jour un aveugle-né ; elle le ques-
tionna beaucoup, & fut très-surprise de ce
qu'elle ne pouvoit lui faire rien comprendre de
tout ce qu'elle lui disoit sur la *lumière. Vous
ne croyez donc pas qu'elle existe, cette lumière ?*
lui dit-elle. *Pardonnez-moi*, répondit-il, *je la
crois aussi certainement que si je la voyois ; car
ni vous, ni tous ceux qui m'en parlent, ne voulez me tromper.* Cette réponse fit faire à cette Princesse de très-sérieuses réflexions, sur les argumens
par lesquels les Impies attaquent la foi de nos
mystères.

En effet, Dieu qui nous a donné cinq sens, &
qui pouvoit, comme le dit le Père Malebranche,
nous en donner dix, pouvoit aussi ne nous en
donner que quatre. Supposons donc pour un
moment, que le genre-humain en entier, n'est
composé que d'aveugles-nés. Nul ne se plaint,
tout le monde est content.

Alors Dieu , par une révélation extraordi-
naire, promet aux hommes un nouvel état, il
leur annonce qu'ils verront un jour la *lumière*.
Il leur promet celle-ci comme le prix de leur
fidélité , & ceux qui parlent en son nom justi-
fient leur mission de la manière la plus évidente.

Certainement ce mot de *lumière*, les hommes ne l'entendront point. Ce sera pour eux
un mystère incompréhensible , ineffable. Sera-
ce une raison pour les *Philosophes aveugles nés*,
de nier les preuves de la révélation , & de dire
au peuple *on vous trompe* ?

Voilà notre état aujourd'hui ; & quelle
preuve nous assure qu'il ne changera de l'éternité ? Que Dieu crée en nous la connoissance
des vérités sublimes que la religion nous apprend , comme il y a créé la connoissance de
celles que nous croyons entièrement dues à
notre raison , les mêmes vérités subsisteront,
mais elles seront évidentes & il n'y aura plus
de mystère. Chaque idée aura son mot propre,
cette *paternité de Dieu*, cette *génération éternelle
du Verbe* , cette *ineffable procession de l'Esprit
Saint* , ne seront peut-être plus exprimés par
les mêmes termes que nous empruntons aujour-
d'hui de toutes nos langues , si stériles dès
qu'il s'agit de rendre ce qui est trop loin de
nous ; mais la raison de Dieu qui nous éclairera dans ce moment , ne nous laissera plus
aucun doute : la *paternité* de Dieu ne sera point
celle que l'homme se rappelle , lorsqu'il em-
brasse son fils ; la *génération* du Verbe n'aura rien
de commun avec celle des êtres créés. Nos difficultés sur les mystères , viennent donc unique-

ment de ce que Dieu, pour nous faire mériter le ciel, a voulu que nous cruſſions ſur ſa parole; mais ces difficultés ne prouvent jamais ni que ces myſtères ſoient impoſſibles, ni qu'il ſoit impoſſible à la raiſon humaine d'y atteindre dans une autre vie.

F I N.

LETTRE

DE M. G**. A. V.ʳᵉ D. V.

à M. * * *

SUR LES PRINCIPES, LES RÈGLES ET LES BORNES

DE LA TOLÉRANCE.

AVERTISSEMENT.

Le petit Ouvrage qu'on vient de lire fut composé il y a vingt ans; celui qu'on y joint est du moment: mais l'un & l'autre font de la même plume, & le succès rapide de celui qui est déja connu, a occasionné celui qui paroît ici pour la première fois. L'Auteur avoit encore moins prévu que désiré les éloges que l'on a prodigués à son *Essai sur les bornes de nos connoissances*; mais il faut avouer qu'on lui avoit laissé tout le tems d'oublier lui-même ce petit Ouvrage. Il voulut autrefois le donner au Public, & par-tout il essuya contradiction,

refus, improbation. La plupart des
Ecclésiastiques auxquels il le mon-
tra, sans la droiture connue de ses
intentions, l'eussent traité d'hérétique, & ses amis l'avertirent que
s'il le laissoit paroître, il s'attireroit
des traverses qui nuiroient à son
avancement. Vingt ans se passent.
Alors un ami, sans son aveu, confie à la censure, & livre ensuite à
l'impression le manuscrit dont il a
une copie. Bientôt le pauvre Ecclésiastique apprend dans sa retraite
& la publicité & la fortune de son
Essai. Plusieurs Evêques l'ont lu;
le Clergé en dit beaucoup de bien.
On demande à connoître l'Auteur,
on voudroit contribuer à sa for-

tune. L'eſtimable Ecrivain perſiſte dans la réſolution de garder l'inco-gnito ; mais il a cru devoir dans cette occaſion donner de ſes nou-velles à ſon ancien ami ; & comme il n'avoit autrefois demandé que *Tolérance* pour ſes opinions, doit-on être ſurpris qu'il ait fait de cette matière de la *Tolérance*, ſi diverſe-ment traitée depuis vingt ans, l'ob-jet d'une Lettre qui, comme ſon premier Ouvrage, préſentera peut-être des idées également éloignées des excès que ſe permettent & la licence des Philoſophes & le faux zèle de la ſuperſtition ? Quoi qu'il en ſoit, cette Lettre ſur la *Tolérance* nous a paru pouvoir être regardée

comme la continuation & le supplément à l'Essai sur les bornes
des connoissances humaines. Les
cœurs droits & les esprits modé-
rés feront sans doute le même ac-
cueil à l'un & l'autre.

LETTRE

DE M. G.** A. V.re D. V.

A M.***

Sur les Principes, les Règles & les Bornes de la Tolérance.

L'INTÉRÊT que je prends, Monfieur, au fuccès de ce petit Effai dont vous avez été l'Editeur, ne tient plus à mon amour-propre. J'étois jeune encore, lorfque je confiai à votre amitié ce fruit du peu de loifir que me laiffoient mes fonctions dans ce village où je fus affez heureux pour m'ouvrir l'accès de votre cabinet. J'euffe pu alors être fenfible aux éloges que vous me prodiguez. Aujourd'hui trouvez bon que je continue de

cacher mon nom , & que je n'accepte
aucune des propofitions que l'on vous a
chargé de me faire. Non, je ne ferai ni
Grand Vicaire , ni Official , ni Archi-
diacre ; mais je bénis la Providence de
ce que l'on offre aujourd'hui tout cela à
un homme que l'on eût blamé, calom-
nié , que fais-je ? peut-être perfécuté il
y a trente ans , pour avoir imprimé ces
mêmes vérités que nous répétions fans
ceffe au coin de votre feu, que j'écrivois
alors fans intérêt , & que vous avez
depuis publiées fans projet.

Je me rappelle ce fameux Général de
l'Oratoire dont vous m'avez autrefois parlé (a), & qui, me difiez-vous, ne connoiffoit dans le monde que deux adverfaires
abfolument irréconciliables, le vice & la
vertu. Toutes les querelles de prétention
ou d'opinion , il fe fût volontiers chargé
d'en être le conciliateur ; & fa maxime
favorite étoit qu'il n'y en avoit aucune
fur laquelle, au bout d'un tems, on ne
pût compofer. J'ai quelquefois cherché
à deviner fon fecret, & je crois l'avoir
découvert. C'eft, fans doute, Monfieur,
que pour prononcer fur ces fortes de dif-

_____

(a) Le R. P. D. L. T.

putes, il se plaçoit toujours à trente ans de distance de l'époque de leur plus vive fermentation. Je suis comme lui. Je ne crains rien des combats qui, à la longue, doivent finir, non faute de combattans, mais faute de spectateurs. Il s'élève pendant un siècle beaucoup de ces guerres de parti, dans lesquelles nul ne triomphe, nul ne cède, mais où tout le monde se dégoûte; & c'est alors que toutes les vérités que ce siècle possédoit déja, mais qui poussées & repoussées dans ce flux & reflux d'opinions, n'avoient fait que rouler d'un parti à l'autre, s'épurent de tout ce que les passions y ont mêlé d'hétérogène, & reprennent peu à peu leur niveau.

Voilà, Monsieur, ce qui nous est arrivé; il y a trente ans que loin de m'ouvrir un chemin aux Dignités Ecclésiastiques, je me fusse au contraire fermé la porte à un Vicariat de campagne, si j'eusse osé parler de nos disputes sur le libre arbitre & sur la grace, avec la libre & franche impartialité que le Clergé vous a paru approuver dans cet Essai que vous allez, dites-vous, faire réimprimer. Nos querelles théologiques nous ont enfin éclairé sur leur inutilité: elles nous ont appris

le véritable usage que nous devons faire
de notre raison : elles nous ont plus que
jamais averti des obstacles invincibles
qui l'arrêtent, toutes les fois qu'elle veut
envisager les objets sous un autre rapport
que celui qui les destine ou à satisfaire
les besoins, ou à augmenter le bien-être
de l'homme dans cette vie. Aujourd'hui
cette femme respectable & pieuse qui,
lorsque vous lui fîtes lire mon *Essai*, fut si
scandalisée de ce que j'avois supposé des
bornes à la foi, ne vous répondroit pas,
comme elle le fit alors, que nous devons
croire *sans bornes*. Jamais les Catholiques
ne furent plus disposés qu'ils le sont aujourd'hui à se pardonner leurs erreurs
mutuelles, lorsqu'elles n'attaquent ni le
fond de nos dogmes, ni la pureté de la
morale évangélique. Depuis trente ans
les Philosophes nous prêchent la Tolérance qu'ils pratiquent peu. Les vrais
Tolérans, les Tolérans raisonnables &
sensés sont aujourd'hui nos Evêques ; &
c'est dans l'Evangile même qu'ils ont
puisé, & les principes, & la nature, &
la mesure même de leur Tolérance.

Ce mot de *Tolérance*, j'ose aujour-
d'hui le prononcer avec confiance ; mais
je l'ai vu long-temps, ainsi que tant
d'autres

d'autres que l'on ne prenoit pas la peine d'expliquer, jetté comme une pomme de difcorde au milieu des partis, non pour les difpofer à fe fouffrir, mais pour les animer à fe déchirer. Je ne garantirois pas, j'en conviens, la pureté des intentions de ceux qui les premiers chez nous ont voulu le mettre à la mode. J'ai vu ce terme d'un côté allarmer des confciences timorées, & de l'autre, fervir de ralliement à des projets audacieux. Et le moyen qu'on pût l'adopter fans danger, lorfque ceux qui l'avoient pris pour devife toléroient tout, excepté la Religion Chrétienne ! Avec le tems l'enthoufiafme s'eft refroidi, les terreurs fe font calmées. On peut fur cette importante matière effayer de parler raifon, & fe flatter d'être entendu. Admirez ma confiance ; c'eft au moment où le Clergé s'affemble, que j'ofe aujourd'hui vous faire part de mes idées fur la Tolérance, & que je vous permets de les rendre publiques.

Imputer à la Religion Chrétienne cet efprit d'intolérance & de perfécution qui, dans des fiècles d'ignorance, a également & contrarié la charité de l'Eglife, & troublé la paix des Etats, c'eft faire à

F

cette Religion fainte la même injure, que
fi on la rendoit refponfable de toutes les
fuperftitions qui, aux mêmes époques,
ont paru obfcurcir fon éclat. Ce n'est
pas à vous, Monfieur, que j'entrepren-
drai de prouver que l'Evangile eft effentiellement tolérant, & que de toutes les
Religions du monde, le Chriftianifme
eft peut-être la feule dont les maximes
aient été inconciliables avec la con-
trainte qui voudroit en hâter les progrès.

Le Médiateur que nous adorons eft
en même tems, & un Dieu infiniment
bon, & le plus doux de tous les hommes.
C'eft par fa mort qu'il rachette le genre
humain, c'eft par fon enfeignement &
fes bienfaits qu'il le convertit. Il peut
punir fes calomniateurs & fes bourreaux,
il prie pour eux. Ses Difciples veulent
faire defcendre le feu du Ciel fur des
villes impénitentes : Vous ignorez, leur
dit-il, à quel efprit vous avez été appe-
lés ; & il leur défend de fe livrer à ce
reffentiment d'orgueil, à cet empor-
tement de colère. Par-tout il s'élève
contre les vices, mais il accueille les pécheurs ; il ne veut que guérir & conferver, inftruire & fecourir. Ces Samaritains, dont les Juifs s'étoient féparés,

il va les chercher ; il traite de races·de vipères ces Pharisiens intolérans & ces Docteurs sans miséricorde qui disoient, il est digne de mort, car il répand une doctrine nouvelle.

Eh ! comment les Pasteurs auroient-ils pu croire que J. C. leur eût ou prescrit, ou même simplement permis aucune espèce de persécution ? Il ne leur en laisse aucune espèce de moyens. Il leur déclare que son royaume n'est pas de ce monde. Il leur ordonne de prêcher, d'avertir, d'édifier, de répandre également & sa doctrine & ses graces ; mais l'autorité qu'il leur confie ne peut lier & délier que les consciences contre lesquelles la force ne peut rien : le ministère apostolique n'altère ni la liberté civile des sujets, ni la puissance politique des Rois. C'est librement que les uns & les autres & embrasseront & protégeront le culte qu'il prescrit. Il leur promet tout dans le Ciel, il ne leur ôte rien sur la terre.

Accusera-t-on le Christianisme d'intolérance, parce qu'il n'admet ni la multiplicité des cultes, ni l'indifférence sur le dogme ? Ce genre d'intolérance est inévitable pour quiconque est fermement convaincu qu'il poſſède la vérité. Les Religions que les hommes ſe font faites ſont auſſi différentes entre elles, que leurs gouvernemens. La vraie Religion vient de Dieu ; elle doit être une comme lui ; une comme ſa ſageſſe dont elle eſt l'action ; une comme l'ordre moral dont elle eſt le plus ferme appui ; une comme cette immenſe famille diviſée en tant de Peuples qu'elle doit ſauver tous : deſtinée à procurer à tous les hommes, & la même juſtice ſur la terre, & la même récompenſe dans le Ciel, elle a dû être la règle du premier homme, comme elle ſera celle du dernier de ſes deſcendans. Elle remonte juſqu'au berceau du genre humain; car le père commun des Nations fut appelé le même jour, & à la ſociété qui devoit rendre ſes enfans heureux dans cette vie, & à la Religion qui devoit leur procurer le bonheur de l'autre.

Mais ne confondons point, Monſieur, avec cette intolérance juſte & raiſonnable qui, ſur les dogmes révélés, & ſur les moyens d'aller au Ciel, preſcrit l'unanimité & l'uniformité, cette intolérance également inique & cruelle, qui retrancheroit de la ſociété civile, ou priveroit des avantages de la fociété naturelle, ceux que l'Eglife ne pourroit admettre dans fon fein, ou feroit même obligée d'en chaffer.

L'humanité a long-tems gémi des malheurs que cette méprife a produits; mais à qui a-t-on dû les imputer? Cette queftion ne m'a point paru jufqu'ici fuffifamment éclaircie. Ces malheurs, avons-nous encore quelque fujet de les craindre? Celle-ci mérite d'être traitée, & n'eft pas difficile à réfoudre. Il en eft une enfin fur laquelle je voudrois aujourd'hui fixer une attention auffi férieufe que générale. Quelles font les juftes bornes que l'intérêt focial prefcrit à cette tolérance, dont les Princes trouveront les principes, le caractère & les règles dans l'Evangile? ou, ce qui eft la même chofe: quel eft, en matière de Religion, le devoir de cette puiffance coërcitive placée par l'ordre de Dieu même à côté de la furveillance & de la protection que toute efpèce de gouvernement doit au culte national? Si, fur ces trois objets importans, je puis, Monfieur, vous fuggérer quelques réflexions utiles, je ne regretterai point d'avoir cédé à l'envie, que vous m'avez infpirée de m'entretenir encore une fois avec vous.   F iij

§. I.

Que c'est aux Princes, & non à l'Eglise, que l'on doit imputer l'Intolérance & la Perfécution qui ont fait le malheur de plufieurs Etats Chrétiens.

Je voudrois que ceux de nos Philofophes qui ont fait ce reproche à l'Eglife me répondiffent ici de bonne foi. N'ontils jamais éprouvé dans la difpute ces mouvemens de vivacité fi approchans de la colère, par lefquels l'ame offenfée de la réfiftance qu'on lui oppofe, s'en irrite comme d'une injuftice, & eft tentée de s'en venger comme d'une injure? Combien de fois s'eft-on paffionné dans le monde pour des opinions? combien de fois les Sectateurs qu'elles ont réunis, fe font-ils livrés au reffentiment contre des Adverfaires qu'ils n'euffent dû que chercher à convaincre? Ce genre d'intolérance eft dans la nature; il eft né de l'orgueil. Les vérités, fur-tout celles que nous avons acquifes par nos recherches, font pour nous autant de propriétés que l'on ne peut nous arracher impunément.

Nous y tenons comme à notre bien, comme à notre honneur, comme à notre exiſtence. C'eſt nous ravir tout cela, que de prouver que nous nous ſommes trompés.

Plus les vérités que nous croyons défendre nous paroiſſent importantes, plus nous nous irritons contre la contradiction qui les attaque ; & de-là on doit conclure que les diſputes les plus aigres de toutes, ont dû être les diſputes de Religion. Si cependant on s'en fût tenu à la méthode que j'ai expoſée dans mon Eſſai, il eût été difficile que l'homme le plus ſavant s'enorgueillît de ſes découvertes, & que l'on fût long-tems diviſé ſur des dogmes qui ne tiroient leur certitude que de la révélation immédiate ; mais en accordant à la raiſon tous les efforts que ſa curioſité pouvoit ſe permettre, la diverſité des opinions, tant qu'elles n'avoient pour défenſeurs, ou pour adverſaires que des hommes également incapables & d'employer, & de repouſſer la force, ne devoit produire que des diſputes : & celles-ci ſur des matières inintelligibles, ne pouvoient être éternelles.

Les Philoſophes Grecs, partagés en

tant d'écoles, ne cessèrent jamais de disputer. Le Gouvernement les en laissoit les maîtres, & il y avoit tout à gagner pour les progrès des vérités dont ils étoient occupés ; car elles étoient du ressort du raisonnement, & se développoient par la discussion. Mais ces mêmes Philosophes ne se battoient point ; jamais les combats de doctrine n'occasionnèrent ni persécution contre les particuliers, ni guerres civiles entre les partis. Ce fut l'envie qui dénonça la doctrine de Socrate : ce fut l'intrigue qui le poursuivit, mais ce fut le magistrat qui le fit arrêter, & qui lui envoya la ciguë.

Avec quelque enthousiasme que les hommes s'attachent à leurs opinions, avec quelque aigreur qu'ils les défendent, celui-là seul pourra persécuter qui aura entre ses mains l'autorité pour contraindre, & la puissance pour punir. Que m'importe que l'on me calomnie, que l'on me condamne même, si d'un côté il est impossible que l'on m'arrache la vérité par laquelle je crois être dédommagé de tout, & si d'un autre côté les lois du Gouvernement sous lequel je vis, me mettent à l'abri de toutes les violences par lesquelles on voudroit gêner ma façon de penfer ! Or , felon la doctrine de l'Eglife , cette autorité de punir, ce pouvoir de contraindre n'ont jamais appartenu à fes Pafteurs. La Religion Chrétienne elle-même ne demanda aux Souverains que tolérance. Elle s'eft paffée d'eux pour fon établiffement , & J. C. qui lui a promis d'être avec elle jufqu'à la confommation des fiècles , ne lui a point promis jufqu'à la fin des fiècles la faveur des Rois. Mais c'eft lui-même qui dans fon Evangile apprit à fes Apôtres qu'ils auroient toujours le droit d'enfeigner, jamais le pouvoir de contraindre : & de toutes les lois qui, dans les premiers fiècles du Chriftianifme, affuroient aux Puiffances civiles l'obéiffance & la fidélité des Peuples, celles de l'Eglife furent toujours les plus formelles & les plus énergiques. Lorfque Conftantin plaça la Croix fur fes drapeaux, ces Chrétiens , dont l'innombrable multitude peuploit toutes les Provinces de l'Empire, en étoient les fujets les plus fidèles ; ce ne fut pas lui qui , par fon autorité, foumit fes troupes au joug de la foi , ce furent fes armées qui lui prouvèrent que qui rendoit tout à Dieu, favoit auffi tout rendre à Céfar : auffi les perfécutions ne font venues que quand les Princes, devenus Chrétiens, ont encore voulu être Théologiens. L'intolérance naquit de leur orgueil, de leur defpotifme, quelquefois de leurs projets politiques, & encore plus fouvent des intrigues de leurs Miniftres.

En effet, les opinions qui, tant que le Gouvernement les laiffe libres comme l'ame qui les conçoit, n'enfantent que des difputes, peuvent entre les mains des hommes ambitieux & paffionnés, devenir des moyens utiles à leurs projets, des armes redoutables à leurs rivaux. C'eft alors qu'il importe de donner aux objets de la difpute, une valeur qu'ils n'auroient point fans cela ; car fi l'on veut que les hommes fe battent, il faut leur perfuader qu'ils fe battent pour un grand intérêt ; & il y a telles opinions dont l'intrigue même ne pourra jamais rien faire.

Je n'ai garde de placer parmi celles-ci les vérités ou les erreurs qui intéreffent la Religion ou la Morale. Mais comme la Religion & la Morale réprouvent également la perfécution, il a fallu dénaturer les vérités les plus précieufes, pour leur donner des rapports abfolument étrangers à la Religion. Elles ne nous avoient été données que pour nous conduire au Ciel , & les hommes s'en font fervis pour pouffer leur fortune fur la terre.

Sur cela il a été aifé de tromper les Princes : on leur difoit, & l'on avoit raifon : « Vous devez protection à la Re- » ligion Chrétienne qui , parce qu'elle » eft la vraie Religion , doit être la règle » générale de tous les hommes, & qui, » parce qu'elle eft la Religion de votre » Empire , doit feule régler le culte pu- » blic dont vous devez l'exercice à vos » Peuples ».

Frappés de cette vérité , pour peu que les Souverains euffent fait attention au principe dont elle n'étoit qu'une confé- quence , ils euffent clairement apperçu ce qu'exigeoit d'eux ce devoir de pro- tection. A quoi fe réduifoit-il en effet ? 1°. à laiffer à la puiffance paftorale l'en- tière liberté d'exercer fon miniftère de paix , à lui conferver les droits qu'elle reçut de fa miffion divine , & à fe tenir en même tems bien affurés que dès qu'elle voudroit priver les hommes, ou de leur liberté , ou de leur état , ou de leurs biens , ou de leur vie , elle agiroit

contre les ordres de son divin Fonda-
teur. 2°. A faire respecter le culte public
de la Religion Chrétienne, devenu l'une
des lois de leur empire, & faisant partie
de cet ordre public dont ils sont essentiellement protecteurs ; mais ni l'une ni
l'autre de ces obligations ne leur donnoit
le droit de scruter les consciences. Le
Prince ne peut ordonner de croire, mais
il doit veiller sur les rapports qu'a le
culte extérieur avec les lois de son Empire. Il n'a aucun pouvoir sur l'erreur,
mais il peut punir le blasphême, les pro-
fanations, le scandale, comme il punit
le meurtre, le parjure, l'infidélité. Le
ministère évangélique est essentiellement
tolérant, mais l'intolérance est le devoir
essentiel du Souverain toutes les fois
qu'il apperçoit le désordre.

Que les deux Puissances fussent également restées dans les bornes fixées par
les rapports essentiels de leur destination primitive, ô combien elle eût été
respectable, combien elle eût été utile,
même aux Gouvernemens civils, cette
douce influence des successeurs des Apôtres ! Leur pouvoir eût été réduit alors
au droit, ou plutôt, au devoir de pro-
clamer au milieu de toute la Chrétienté

ce terrible *non licet* de S. Jean-Baptiste,
qui n'empêcha point le Précurseur de
tomber sous le glaive d'Hérode.

Il eût été intolérant, j'en conviens,
ce ministère de paix & de charité, mais
il ne l'eût été que comme la conscience
du juste, & son intolérance se fût bornée
à faire parler la Religion le langage qui
lui est propre, celui de l'improbation
qu'elle doit aux crimes & à l'erreur :
elle ne se fût manifestée que par des avis,
par des conseils charitables, par un enseignement uniforme, tout au plus par des
sentences médicinales. Elle eût déféré à
l'indignation de l'univers les divorces,
les adultères scandaleux, les assassinats
commis par des hommes qui ne recon-
noissoient, ni juge qui pût les déclarer
coupables, ni autorité qui pût les contraindre à devenir meilleurs. Le S. Siège
n'eût été que la voix poussant dans le
désert un cri terrible, qui eût pénétré
jusques dans le Palais des Rois. Il eût pu
être alors sans danger l'arbitre de leurs
différends, le conciliateur de leurs querelles, le médiateur entre la tyrannie
des Souverains, & la licence des Peuples ; mais contre les uns & les autres,
il n'eût été puissant que comme la raison;

jamais il n'eût armé le Prince contre ses
sujets, ni les sujets contre le Prince ; sa
force eût été dans la foiblesse essentielle
au coupable , & dans le cri général qui
s'élève toujours contre lui. Aucun Pape
ne se fût flatté d'ébranler les trônes ; jamais il n'eût cru disposer des couronnes,
& l'anathême formidable devant Dieu
n'eût rien dérangé sur la terre.

Qui est-ce qui a donné aux jugemens
de l'Eglise une force étrangère à sa mission? qui est-ce qui a changé en menaces
les avis des Pasteurs ? qui est-ce qui les
a invités à marcher à grands pas sur les
domaines de la puissance civile ? Les
Princes, oui les Princes, leurs Ministres,
leurs Courtisans ; & parmi ceux-ci, de-
vons-nous être étonnés s'il faut compter
quelques Evêques? L'autorité temporelle fut la première & à franchir les
bornes de son territoire, & à inviter le
Clergé à passer les limites du sien. On
perdit de vue la Religion qui eût mis un
frein à tout : on n'écouta que l'ambition
& l'avidité des partis : ceux-ci ne vouloient que dominer & acquérir. Les
opinions ne furent pour eux qu'un signal
de ralliement , ou une ressource d'intrigue : & lorsque des passions insensées,

mais violentes, eurent produit les plus grands maux, l'ignorance, pendant une longue suite de siècles, en écarta le remède.

Voyez d'abord parmi les successeurs de Constantin, les Empereurs sans cesse occupés de querelles de doctrine : le plus souvent, c'est de la meilleure foi du monde qu'ils croient devoir entrer dans toutes ces discussions. Le Souverain veut s'instruire, il doit protection à l'enseignement de la vérité ; mais est-ce avec une égale bonne foi que les partis mendient sa protection, & cherchent à échauffer son zèle ? Il dispose des dignités ecclésiastiques. Les biens de l'Eglise, la considération publique, le crédit à la Cour, la faveur du Prince & des Grands, que de motifs pour la cupidité ! C'est alors que l'intolérance si orgueilleuse parmi les Savans, si ombrageuse chez les Docteurs, monte sur le trône, s'empare du Prince, & devient terrible; car elle sert l'ambition des Grands qui prétendent à la faveur, & l'avidité des Courtisans qui cherchent à s'enrichir. De ce moment commencent les exils, les dépositions forcées, les emprisonnemens : le parti dont le Prince paroît

époufer les intérêts, & favorifer la doctrine, s'enorgueillit de fa victoire, &
triomphe de la ruine de fes rivaux. Un
fuccefleur au trône détruit tous ces vains
trophées. Il relève le parti abattu, ne
manque jamais de perfécuter le parti
contraire ; & après ces révolutions qui
alternativement élèvent ou écrafent
ceux qui les ont provoquées, que refte-
t-il, finon l'habitude que le Prince a
prife de perfécuter, habitude toujours
applaudie comme un droit par les partis
dont on chafle, dont on dépouille,
dont on maltraite les rivaux? Voilà ce
qui arriva chez les Grecs ; mais alors
même ce ne fut point la puiffance paftorale qui perfécuta, ce fut au contraire
prefque toujours fur elle que tombèrent
les coups. Lifez à cette époque les ouvrages des Pères de l'Eglife : ils refpi-
rent la paix, la modération & la charité.
Les perfécuteurs, les intolérans furent
les Princes foibles, affez imprudens pour
fe rendre parties dans ces querelles de
doctrine, affez ridiculement vains pour
fe croire les maîtres de forcer les hommes à penfer comme eux.

En Occident ce fut bien pis encore ;
car la puiffance civile arma contre elle-

même cette autorité des Pontifes, qui fortie de l'enceinte qui lui avoit été marquée, & établie fur un territoire étranger pour elle, fe crut en droit de dépouiller les Rois & de difpofer des trônes.

Tous ces Princes barbares qui s'établirent fur les ruines de l'Empire Romain, éprouvoient fouvent combien étoit foible ce pouvoir arbitraire dont ils étoient fi jaloux. Pour étayer cette puiffance irrégulière dont ils abufoient, ils crurent avoir befoin de l'autorité que le Clergé avoit acquife fur les Peuples; & les Evêques de leur côté qui, depuis la converfion des Princes, avoient affaire à une multitude de Chrétiens indociles & corrompus, crurent que le moyen de les réduire à l'obéiffance, étoit d'invoquer cette même autorité qui n'avoit été placée fur la terre, que pour faire non des Chrétiens religieux mais des citoyens juftes & foumis. Ce fut alors qu'il fe fit entre la puiffance temporelle & le miniftère fpirituel un échange très-imprudent, & qui dans la fuite devint également funefte à l'une & à l'autre autorité.

Les Rois qui ignoroient l'art de gou

verner les Peuples par de bonnes loix,
dirent aux Evêques ; « Il nous eſt im-
» poſſible d'avoir toujours les armes à
» la main contre la licence ; excommu-
» niez ceux qui nous déſobéiſſent ». Les
Evêques, bien certains que l'on mépri-
feroit leurs cenſures, dirent aux Rois :
» Pourſuivez, contraignez, puniſſez
» ceux contre qui, ſans cela, nous lan-
» cerions en vain les foudres de l'ana-
» thême ».

Sans ce marché funeſte, l'intolérance
qui, par la nature des choſes, ne peut
appartenir qu'aux Gouvernemens civils,
n'eût jamais ni perſécuté les opinions,
ni gêné les conſciences ; les jugemens
prononcés par les Evêques, n'euſſent
jamais livré au glaive des lois civiles les
hérétiques & les pécheurs : & les Rois
qui pouvoient être l'un & l'autre, n'euſſent pas vu leur trône ébranlé par ce
miniſtère paſtoral, devenu par leur mi-
ſérable conduite le plus formidable des
pouvoirs. Le même jour que les Rois
conſentirent à brûler, à égorger, à dépouiller ceux que l'Egliſe auroit déclarés
hérétiques, ils fournirent des armes contre eux-mêmes, à leurs ſujets révoltés,
à leurs vaſſaux indociles, à leurs enne-

mis ambitieux. Ils fe jugèrent indignes
de régner, toutes les fois qu'ils feroient
déclarés coupables des mêmes délits qui
rendoient leurs fujets indignes de vivre.
Or, ce jugement dont ils dénaturèrent
les effets, l'Eglife feule étoit en droit
de le prononcer : auffi n'avoit-il été deftiné qu'à féparer les coupables de la
communion des Saints : tout fut perdu
lorfque les Rois confentirent à le regarder comme un titre qui les retranchant,
eux & leurs fujets, de la fociété civile,
les rendoit incapables de remplir aucunes fonctions publiques.

Cet effroyable fyftême, ce furent
les Souverains qui l'accréditèrent eux-
mêmes, toutes les fois qu'il put fervir
leur ambition, ou autorifer leurs injuf-
tices. Tant qu'ils peuvent tirer parti de
la puiffance pontificale pour favorifer
leurs ufurpations, peu leur importe le
foin de leur poftérité. Les Rois ne tiennent que de Dieu leur pouvoir. Telle
étoit la doctrine qui, fous la première
Race, affuroit l'indépendance de nos
Monarques. Pepin qui difpofe du Pape,
feint de croire que l'Eglife eft le plaid
de Dieu même, & que c'eft par le
miniftère des Evêques qu'il confie le

pouvoir , & en punit l'abus : & ne
pouvant monter fur le trône par les
droits du fang, il devient Roi par la
grace de Dieu. Qu'arrive-t-il ? Louis le
Débonnaire , fon petit-fils , eft regardé
comme déchu de tous fes droits à l'exercice de l'autorité, fitôt qu'il eft mis en
pénitence par le Clergé. Voyez enfuite
fes fils fe difputer les portions de fon
héritage , & pour fe donner le droit
d'envahir ce qui ne leur appartenoit
pas, commencer par faire dépofer leur
frère aîné dans un Concile. Cet exemple
leur devient funefte à eux-mêmes ; dé-
pofés à leur tour , ils font pourfuivis
comme ennemis de Dieu, dès que l'intrigue les a fait anathématifer par l'Eglife.
Eft-il étonnant que dès lors le Peuple
qui voyoit les Princes prendre les armes
contre les excommuniés , ait regardé
ceux-ci comme l'objet du plus jufte
reffentiment, incapables d'aucune fonc-
tion, indignes de toute efpèce de dignité,
& méritant par-tout d'être chaffés &
pourfuivis ?

L'anarchie féodale, les troubles qu'elle
occafionna , les mœurs , l'ignorance &
la profeffion militaire de tous ceux qui
fe trouvèrent un peu élevés au-deffus

du peuple que l'on afferviffoit, & que
l'on comptoit pour rien, confondirent
tous les rapports, & altérèrent toutes les
idées qui avoient autrefois fixé la deftination & l'exercice de l'autorité des Princes,
& du miniftère des Pafteurs. Tous les
Grands étoient oppreffeurs, tous les petits
étoient opprimés ; & comme les Princes
ne faifoient pas juftice, on la demandoit à
Dieu, & à fes Miniftres. Si le Pape, fi
l'Evêque, fi le Curé, par la terreur de
l'excommunication, venoient à bout
d'arrêter la licence des tyrans, le Clergé
étoit alors regardé comme revêtu de
l'autorité la plus chère & la plus jufte.
Le S. Siège prenoit toujours parti contre
les grands crimes des Rois. Les Princes
malheureux s'adreffoient à lui lorfqu'ils
étoient les plus foibles, & les Evêques
eux-mêmes devenus feigneurs temporels, & craignant de fe faire des affaires,
foit avec des Seigneurs plus puiffans, foit
même avec les Rois, trouvèrent plus
commode de regarder le Pape comme
chargé envers ceux-ci de tous les devoirs
de la puiffance paftorale ; il arriva donc
ce qui arrivera toujours, l'autorité la
plus incompétente fe trouva la plus forte
tant qu'elle ne travailla qu'à faire du

bien , & qu'elle n'eut à combattre que des gens qui faifoient fans ceffe le mal.

Ce Peuple ignorant, ce Peuple accoutumé à s'armer pour fes maîtres , & à pourfuivre fes ennemis par le fer & par le feu , regarda bientôt l'autorité de l'Eglife comme fupérieure à celle des Rois. Il les voyoit reculer devant elle , lui obéir en tremblant , & fans ceffe l'invoquer tantôt contre un ennemi qu'il s'agiffoit de dépouiller, tantôt contre un oppreffeur dont on avoit à fe défendre. Il ne connoiffoit plus de la Religion que l'écorce , & les pratiques extérieures ; il raifonna fur l'autorité eccléfiaftique , comme il étoit accoutumé à raifonner fur tous les pouvoirs auxquels il devoit obéiffance : & des erreurs que les Souverains avoient eux-mêmes accréditées, des fauffes idées que fe forma de fes devoirs une nobleffe brave , guerrière , ignorante & fuperftitieufe , du defir qu'avoit le Peuple de chercher quelque remède aux maux qu'il fouffroit, on vit naître un fyftême de doctrine qui s'éloigna également & des principes effentiels aux gouvernemens civils , & des maximes fondamentales du Chriftianifme.

Les Grands relevoient du Roi, & étoient jugés par fa Cour. Les Rois relevoient de Dieu feul, mais on regarda les Evêques comme compofant le plaid de Dieu qui pouvoit les punir. Le vaffal felon perdoit fon fief dont le Souverain pouvoit donner une nouvelle inveftiture. Les Rois rebelles à l'Eglife furent coupables de felonie envers Dieu, & fon Vicaire fe crut ou feignit de fe croire en droit de difpofer de leur Couronne : chacun devoit s'armer pour la querelle de fon Seigneur, & pourfuivre fes ennemis. Les hérétiques & les pécheurs excommuniés furent les ennemis de Dieu, & durent l'être de tous les chrétiens. C'étoit donc les armes à la main qu'il falloit les réduire à l'obéiffance, & le fupplice de celui qui attaquoit la Divinité, devoit être encore plus effrayant que celui des coupables qui ne violoient que les lois des Princes.

Delà cette haine générale qui livra les hérétiques au fupplice : delà les premiers bûchers que dreffa le peuple, & les excès de fureur auxquels il fe porta fans attendre l'ordre des Magiftrats, & quelquefois malgré les Evêques. Que dut-il arriver lorfque les Evêques eux-

mêmes portèrent fur leur fiège, & pro-
feſſèrent de la meilleure foi du monde
cette doctrine meurtrière qu'ils avoient
reçue dès leur enfance ? Mais par qui
cette multitude avoit-elle été trompée,
ſinon par des Princes ambitieux, par des
uſurpateurs avides, par des guerriers
qui ne demandoient qu'un prétexte pour
envahir ? Etoit-il de bonne foi ce Simon
de Montfort qui après avoir dévaſté une
des belles Provinces du Royaume, ſe la
faiſoit donner par un Concile, & en
diſtribuoit les domaines à ſes créatures ?
Ce ne fut pas l'Inquiſition qui produiſit
l'intolérance, ce fut l'intolérance qui
amena l'Inquiſition.

Qu'au milieu de tous ces déſordres
les Papes tiraſſent parti de la foibleſſe
des Souverains & de leurs Miniſtres, on
peut en convenir ſans faire injure à l'E-
gliſe, à qui ſon Chef inviſible ne promit
jamais que ſes Chefs viſibles ſeroient
tous des Saints. Ils ne le furent point,
ſans doute, ces Pontifes ambitieux, qui
ſi ſouvent allumèrent le flambeau des
diſcordes civiles; mais ils furent encore
moins des Souverains temporels, puiſ-
ſans & redoutables. Leur force étoit
dans l'opinion des Peuples & dans
les

les différens intérêts des Princes qui croyoient avoir besoin du Clergé : or, cette opinion étoit directement contraire à l'Evangile , & ces intérêts lui étoient étrangers. Donc la Religion Chrétienne ne fut pour rien , ni dans les entreprises de la Cour de Rome , ni dans l'esprit persécuteur qui arma les Princes contre leurs propres sujets.

Ajoutons même, que les injustices sans nombre que la puissance civile se permettoit sans cesse, les effroyables désordres qui naissoient de la division des Princes , enfin l'état malheureux où la licence générale réduisoit alors l'Europe, ne persuadèrent que trop les Peuples , & purent souvent faire croire à des Papes d'ailleurs bien intentionnés , qu'il étoit important pour l'humanité que l'Eglise eût un moyen sûr d'en imposer aux Rois. Ceux-ci ont recouvré tous leurs droits à mesure qu'ils ont cessé d'en abuser ; lorsque les Princes sont devenus plus justes , la Cour de Rome est devenue plus foible ; & S. Louis ne commença à faire revenir sa Nation de ses préjugés absurdes sur les effets civils qu'elle avoit attribués à l'excommunication , que parce que ses sujets n'eurent jamais occafion de fouhaiter qu'il fût excommunié lui-même.

Vous le voyez, Monfieur, je fuis bien éloigné de me rendre l'apologifte de l'intolérance, mais j'ai dû prouver une vérité dont je fuis convaincu, & que je regarde comme très-importante; c'eft qu'il feroit injufte d'accufer la puiffance paftorale d'avoir la première prêché aux Rois l'intolérance & la perfécution, & de vouloir rendre l'Eglife refponfable des malheurs que le fanatifme a produits. Je vas ajouter encore à la force de mes preuves, en vous faifant voir que c'eft l'Evangile même qui, mieux connu parmi nous, a détruit ces erreurs barbares & ces mœurs atroces qui ont coûté tant de fang à l'Europe, & fi long-tems troublé le repos des Nations.

§. I I.

Que nous n'avons plus rien à craindre des préjugés, fur lefquels fut fondée l'intolérance de nos Pères.

J'ai dit, Monfieur, & je crois avoir établi que le joug que portèrent les Rois, & l'intolérance dont leurs Peuples furent les victimes, furent une suite de la pitoyable conduite des Princes, & des erreurs qu'ils crurent avoir intérêt d'accréditer.

Comment a disparu ce double fléau de la Chrétienté ? quand les Papes ont-ils été rappelés & réduits à l'autorité purement spirituelle dont aucun Prince ne peut les dépouiller, parce qu'ils la tiennent de Dieu ? quand les Peuples ont-ils cessé de craindre que l'on punît leurs erreurs avec plus de rigueur & de sévérité que l'on ne puniroit leurs crimes ?

Si je parcours l'histoire, je trouve que les Rois ont bien plutôt songé à défendre leur indépendance, qu'ils n'ont pensé à mettre leurs sujets en sûreté contre la persécution. De ces deux espèces de fanatismes, nés en même tems & sortis de la même source, celui qui ébranloit les trônes disparut long-tems avant celui qui dépouilloit, vexoit & persécutoit les Peuples.

Ce fut Innocent III qui porta le plus haut & les prétentions de la Cour de Rome contre l'autorité des Princes, & le zèle meurtrier contre les hérétiques : Mais, à partir de cette époque, on voit décliner & s'affoiblir peu à peu l'empire

de ce pouvoir indirect que Rome exer-
çoit fur toutes les puiffances de l'Europe,
& on n'en voit pas moins fubfifter cette
légiflation barbare, qui livroit à l'animad-
verfion des lois civiles, à de fortes amen-
des, & quelquefois aux peines les plus
graves, tous ceux qui refufoient de fe
faire abfoudre par le Clergé. Saint Louis,
qui travailla plus que tous fes prédécef-
feurs à réconcilier les Peuples avec
l'exercice de l'autorité confiée aux Magiftrats, parce qu'il empêcha ceux-ci
d'en abufer, Saint Louis le plus religieux
des Princes commença à élever les barrières qui pouvoient défendre & le trône
de fes fucceffeurs, & la liberté de fes
fujets contre les excurfions de l'autorité
eccléfiaftique : depuis long-tems on
avoit laiffé détruire le boulevart de nos
libertés ; il en raffembla les matériaux,
il le reconftruifit & le fortifia ; il en con-
fia la garde aux dépofitaires de fa propre
puiffance, & fous fes defcendans, ce rem-
part, quoique fouvent attaqué, quoique
ébranlé quelquefois, n'a jamais été ren-
verfé. Saint Louis cependant ne put
fauver les Albigeois ; il ne fit point brûler les hérétiques dans fes domaines,
mais il ne put empêcher qu'ils ne fuffent

perfécutés & dépouillés dans ceux de fes vaffaux.

Les Papes n'étoient plus ce qu'ils avoient été à l'époque du treizième fiècle, lorfque dans le quinzième tant de Princes fe réunirent avec le Concile de Conftance, pour prouver au Saint Siège que fon autorité avoit fa mefure, fes bornes & fa règle; & cependant ce même Concile de Conftance livra Jean Hus au fupplice.

Les derniers efforts que Rome fe permit contre l'autorité des Souverains, furent les encouragemens qu'elle donna à la ligue, & les anathêmes qu'elle lança contre Henri IV; mais, alors même, Rome ne croyoit plus à ce pouvoir, en vertu duquel elle avoit autrefois voulu donner des Empereurs à l'Allemagne, des Rois à l'Angleterre, à la Sicile & à tant d'autres Etats. Sixte V, Grégoire XIV & Clément VIII jamais n'euffent ofé nommer le fucceffeur de Henri III. Auffi n'étoit-ce point à eux que s'adreffoient le Roi d'Efpagne & les Guife : c'étoit à la Nation françoife qu'ils propofoient de difpofer du trône; & fi, pour profiter du fanatifme des Peuples, ils invoquoient les foudres eccléfiaftiques contre le Prince qu'ils vouloient rendre odieux, ils cherchoient plutôt à fournir à la France des motifs pour l'écarter, qu'ils ne reconnoiſſoient dans le Pape le droit de le rejetter.

Cependant ces Evêques mêmes qui, aſſemblés à Chartres en 1591, s'élevèrent avec tant de force contre les Bulles de Grégoire XIV, étoient encore perſuadés de bonne foi, qu'il falloit pourſuivre les Hérétiques & les forcer par la crainte des ſupplices à rentrer daus le ſein de l'Egliſe. Les tribunaux laïques ſouffroient encore qu'on les livrât au bras ſéculier, & ſe rendoient les exécuteurs dociles des condamnations prononcées par les Juges d'Egliſe.

Pourquoi cette différence dans les progrès de deux vérités qui, toutes les deux, n'étoient que des conſéquences du même principe ? pourquoi l'abus de la puiſſance eccléfiaftique fut-il beaucoup plus long-tems à craindre pour les Peuples, qu'il ne le fut pour les Souverains ?

C'eſt que, pour mettre ceux-ci en état de ſe défendre, il ne fallut que les avertir de leurs intérêts, & les inſtruire ſur la nature de leur pouvoir. Pour mettre les Peuples en ſûreté, il falloit égale-

ment éclairer & les Peuples & les Rois
fur la nature de leurs devoirs.

Les Princes avoient bien pu être foibles, mais ils n'avoient pas, pour cela,
donné une force réelle à cette puiffance
paftorale qui, ne commandant qu'aux
confciences, eft hors d'état de contraindre qui que ce foit, fi elle n'en emprunte
les moyens de ceux même qui ont le
plus d'intérêt de les lui refufer. La Cour
de Rome pour défoler les Empereurs
avoit eu recours & aux Princes d'Allemagne, & aux grands vaffaux d'Italie ;
elle avoit eu befoin de la France pour
faire trembler l'Angleterre, comme elle
a eu befoin de l'Efpagne pour faire peur
à la France. Dès que tous les Souverains
fentirent les pernicieux effets de leur imprudence & de leur pufillanimité, il leur
fut aifé de réduire l'autorité pontificale
au fimple ufage des armes fpirituelles,
qui lui avoient été confiées.

Mais pour perfécuter, pour dépouiller,
pour brûler même ceux que la jurifdic-
tion eccléfiaftique leur dénonçoit comme
méritant les flammes de l'enfer, les
Princes avoient, avoient même feuls
la force en main, & ne fentirent pas
auffi vîte le mal qu'ils faifoient à leurs

fujets, qu'ils avoient fenti celui qu'on leur avoit fait à eux-mêmes; car ils partageoient le fanatifme de la multitude, & parmi le Peuple, tout ce qui n'étoit pas perfécuté étoit perfécuteur.

Ce furent donc les Nations elles-mêmes, ce furent les Rois & leurs Peuples qu'il fallut inftruire & ramener aux vérités primitives qui, dans les premiers fiècles de l'Eglife, avoient également affuré aux Souverains leur pouvoir, aux fujets leur liberté : l'ignorance avoit égaré les uns & les autres; la perfécution n'a ceffé qu'à mefure que les lumières fe font répandues dans tous les états chrétiens.

Mais d'où eft-elle partie cette lumiére? nous eft-elle venue des Théologiens? Ceux qui, révoltés contre l'Eglife à la fin du quinzième fiècle, attirèrent fur eux le fléau de la perfécution furent eux-mêmes non-feulement intolérans, mais fanatiques & perfécuteurs. Ce furent les Princes qui allumèrent les feux de la guerre civile, mais ce fut le Théologien Calvin qui à Genève fit brûler le Théologien Servet.

Sera-ce la Philofophie qui fe vantera d'avoir fait cette révolution dans les

efprits ? Ils font venus bien tard ces Philofophes, & lorfqu'ils ont crié au feu,
j'ofe dire que l'incendie étoit éteint.
Mais dans cet intervalle qui fépare la
fin du quinzième fiècle, & le milieu du
dix-huitième, une lumière plus pure
s'étoit élevée fur l'Europe, & avoit fucceffivement chaffé devant elle toutes les
ténèbres de notre vieille barbarie. Quel
fut ce flambeau falutaire ? l'Evangile,
Monfieur, oui, l'Evangile qu'on lit aujourd'hui dans toute l'Europe, & dont
les traductions en langue vulgaire, ne
datent chez nous que du milieu du dernier
fiècle. Combien il eût été à fouhaiter
pour les Nations, que ce Livre divin eût
été perpétuellement & dans la bouche
des Pafteurs, & fous les yeux de leurs
ouailles ! Quel eft le pays où l'on eût
brûlé les Juifs, fi les Peuples euffent été
bien convaincus que J. C. n'avoit voulu
que les convertir, & avoit défendu à
fes Difciples de brûler les fchifmatiques
Samaritains ?

Les plus grandes erreurs ne font fouvent que l'abus des plus précieufes vérités, & c'eft prefque toujours à l'abri
de celles-ci qu'elles s'acréditent & fe
répandent. Quel fut le motif des pré-

G v

tendus Réformateurs qui , après la re-
naiſſance des Lettres, excitèrent en Allemagne ces troubles qui ont ſi long-tems
déſolé l'Europe ? L'intérêt & la jalouſie.
Luther ne dénonça de véritables abus ,
que lorſque lui & les autres Moines ſes
confrères ne purent plus s'en approprier
le produit.

Mais, il faut en convenir , ce furent
d'abord de véritables abus que Luther
dénonça aux Puiſſances eccléſiaſtiques
& laïques : ce fut à l'ignorance & à la
ſuperſtition du Clergé , ce fut aux ambi-
tieuſes prétentions de la Cour de Rome,
qu'il commença par déclarer la guerre ;
& les premier héréſiarques ſes diſciples
firent marcher devant eux des vérités
utiles ; mêlées dans la ſuite avec beaucoup d'erreurs , elles germèrent comme
le bon grain qui pouſſe ſes racines à côté
de l'yvraie. Les Princes applaudirent au
courage de ces nouveaux Réformateurs ;
& quelque enthouſiaſte que fût leur zèle,
il eût pu être utile à l'Egliſe , s'il n'eût
franchi les bornes qui ſéparoient les
vices du Clergé d'avec la pure doctrine
des Apôtres. Ce ne fut pas aſſez pour
eux d'attaquer les chimères de la Cour
de Rome ; les Papes avoient abuſé de

leur pouvoir ; les Hérétiques en attaquè-
rent le titre, contestèrent tout à l'Eglise,
& aucun dogme ne fut respecté.

Les Evêques qui combattirent pour
la foi furent alors obligés de remonter
jusques aux sources de la doctrine, que
l'on cherchoit à altérer. L'Evangile fut
cité aux Novateurs qui en abusoient ;
ceux-ci avoient fait imprimer les Livres
saints, les lisoient sans cesse, les répan-
doient par-tout, accusoient les Evêques
d'en avoir altéré les dogmes, & cor-
rompu la morale. Le Clergé obligé de
suivre ses ennemis, y trouva avec bien
plus d'avantage les armes qui les terras-
soient : on étudia les textes, on vérifia
les passages, & à partir des tems évan-
géliques on suivit, de siècle en siècle, la
Tradition qui avoit conservé le dogme
& la discipline ; par là on fut à portée
de reconnoître & les causes qui avoient
produit, & les époques qui avoient vu
naître les abus qu'il étoit question de
réformer, les superstitions qu'il étoit
important d'abolir.

Les Hérétiques furent condamnés,
anathématisés ; la doctrine de l'Eglise
fut exposée & clairement définie ; le
Clergé s'instruisit, le Peuple s'éclaira,

& dès lors, s'il y eut encore quelques abus qu'il ne fut pas possible d'extirper, si l'on fut encore obligé de tolérer quelques superstitions, auxquelles de longs préjugés avoient accoutumé soit le Clergé, soit la multitude, on cessa du moins de les craindre; on les vit peu à peu se décréditer & l'on put avec certitude en prédire l'entier anéantissement.

Ce tems approche, Monsieur; peut-être même est-il déja venu. Les Hérétiques séparés du Saint Siège ont cessé d'être redoutables à l'Eglise, comme prédicans; aux Etats, comme factieux : Si la plupart d'entre eux tiennent encore à leurs sectes, du moins ne se flattent-ils plus de faire des prosélites. L'attachement qu'ils conservent pour la prétendue réforme de leurs ancêtres, n'est plus que l'effet d'un faux préjugé de constance & d'honneur. Ceux d'entre eux qui ont de la religion conviennent, que les dogmes qu'ils ont retenus sont aussi inaccessibles à notre raison, que ceux qu'ils ont rejettés; & que ce qui parut autrefois insupportable à leurs pères, fut moins le joug de la foi que celui de la domination. Quant à ceux qui, indifférens pour tous les cultes, ne veulent que demeurer affranchis de ce qu'ils appellent le joug des pratiques, ils conviendront également que s'ils étoient nés dans le sein de l'Eglise, ils n'auroient pas besoin d'en sortir, pour se procurer cette liberté funeste à laquelle ils attachent un si grand prix.

Eh ! pourquoi, si on ne les persécute plus, les Protestans se croiroient - ils obligés de briser, même les liens civils qui les attachent à leur patrie ? Tous ont posé pour principe que cette Religion catholique à laquelle ils ont renoncé, peut conduire au salut & ceux qui la professent, & ceux dont les ancêtres crurent qu'elle avoit besoin de réforme. Le dirai-je même ? Tout ce qui, dans les premières propositions de réforme, eût été adopté par les Catholiques les plus zélés pour la foi, se trouve aujourd'hui consommé dans plus de la moitié des Etats soumis à l'autorité pastorale du S. Siège, & dans moins d'un siècle, l'autre moitié partagera tous les avantages dont nous jouissons déja.

Qui est-ce qui a produit ce changement qui peut quelque jour réparer les pertes de l'Eglise & , en lui rendant son antique splendeur, lui faciliter, pour le

bonheur de l'univers, des conquêtes
nouvelles qui étendroient son empire ?
N'en doutez pas, Monsieur, ce changement est dû à ces vérités mêmes, sur
lesquelles les Hérétiques des derniers
siècles forcèrent les Pasteurs d'arrêter &
de fixer leurs regards. Les Protestans en
avoient abusé ; mais elles cheminèrent
seules, & tandis que, de toutes parts,
on circonscrivoit, on enchaînoit, on
combattoit leurs erreurs, elles s'en dé-
tachoient pour éclairer l'Europe chrétienne. Elles furent sur-tout accueillies
en France, & jettèrent un nouveau jour
sur les précieuses maximes de nos libertés. Si aujourd'hui les Luthériens, les
Calvinistes, les Anglicans vouloient se
faire Catholiques, ils ne voudroient être
que Catholiques François. Supprimez
l'Inquisition, réduisez dans tous les Etats
catholiques la puissance du S. Siège à ce
qu'elle est aujourd'hui en France, il leur
fera égal d'être Catholiques Espagnols,
ou Portugais.

Le propre des vérités est de s'accroî-
tre & de s'étendre, tant qu'elles ne sont
point arrêtées par une de ces révolutions
qui ont quelquefois ramené, dans certains pays, le chaos de la barbarie. Heu-

reufement aujourd'hui ces fortes de
révolutions paroiffent impoffibles en
Europe. Graces à l'art de l'Imprimerie,
à la multitude de nos livres, aux relations de politique & de commerce qui
lient entre elles toutes les Nations chrétiennes, il faudroit un déluge univerfel
pour nous replonger dans cette ignorance, qui fut pour nos ayeux une fource
e calamités. Les opinions varient, les
fyftêmes fe forment, fe fuccèdent &
difparoiffent ; les vérités dont tous les
jours on eft obligé de faire ufage, les
maximes évidentes auxquelles tient le
onheur des Peuples, forment en Europe
une maffe indéfectible de lumières : je
ne parle point ici des myftères du Chriftianifme fur lefquels notre foi n'eft que
foumiffion à la parole de Dieu. Là règne
une obfcurité profonde ; là le mérite de
l'homme confifte dans fa docilité. Il va
au Ciel, & c'eft Dieu qui l'y mène par
la main. Mais fur toutes les autres relations qui fondent & entretiennent la
fociété, fur tous les objets qui tiennent
au bonheur que Dieu nous deftine fur
la terre, combien la raifon a fait de
progrès parmi nous! combien la lumière
de l'évidence a diffipé de nuages! com-

bien l'empire de cette justice qui préscrit à tous les hommes les mêmes devoirs, ne s'est-il pas étendu & affermi, depuis que la Religion mieux connue a fait plus que commander aux Princes, a instruit, éclairé, adouci les Peuples !

Ouvrez maintenant & parcourez les regiftres de l'histoire : voyez si les siècles paffés ne nous préfentent pas des prétentions folles, des injustices cruelles, des coutumes atroces qui, après avoir long-tems joui des égards & du respect même des Nations, ont tellement été livrées à leur mépris qu'il n'y a point fur la terre d'autorité, qui puiffe aujourd'hui ou vouloir les rétablir, ou fe flatter d'y réuffir.

N'est-ce pas pour toujours que l'Europe chrétienne est délivrée & des combats judiciaires, & des preuves de l'eau & du feu, & de ces interdits locaux qui, pour punir un Prince, enlevoient à fes fujets & les fecours de la Religion, & toutes les reffources du ministère pastoral ? Est-il aujourd'hui un Souverain en Europe qui craigne d'être dépofé par le Clergé, ou abandonné par fes fujets, toutes les fois qu'il aura eu le malheur de fe brouiller avec le S. Siège ? En eft-il un qui trouvât des alliés pour aller conquérir des Etats, fur lefquels il n'auroit d'autre droit que la donation d'un pape? Eft-il enfin un Pontife qui ofât rifquer ces libéralités infenfées, ou qui, même en Efpagne, en Portugal ou en Italie, s'avifât de dire aux Peuples, je vous délie de vos fermens, détrônez & chaffez votre Maître?

Rendons juftice à la France : c'eft elle qui, depuis le règne de S. Louis, femble avoir été chargée & du dépôt de ces armes fi chères à l'humanité, qui devoient un jour dans l'Europe chrétienne brifer le joug des abus, & de la garde de ces vérités précieufes, qui devoient également en chaffer les ténèbres des fuperftitions. Au milieu des troubles qui s'élevèrent fur la Religion dans le quinzième fiècle, l'unité de la Monarchie françoife la préferva des malheurs du fchifme qui, dans plufieurs Etats d'Allemagne, fut la fuite & l'effet de tant d'intérêts particuliers. La France conferva fon ancienne foumiffion au S. Siège, & cependant profita des lumières qui fortirent alors du choc de tant d'opinions contraires; & les libertés de l'Eglife gallicane, mifes depuis fi long-

tems au nombre des lois fondamentales
de notre constitution politique, mais
plus méditées, & mieux développées à
cette époque, devinrent pour toute la
Chrétienté une espèce de fanal dont la
lumière frappa nos voisins. Qu'est-elle
en effet cette doctrine de nos libertés?
uniquement & simplement la collection
des maximes qui, dès les premiers siècles
de l'Eglise, assurèrent également & à tous
les Evêques le libre & canonique exercice du pouvoir immédiat qu'ils tenoient
de J. C. & aux Princes toute l'autorité
civile dont ils jouissoient avant leur
conversion. Les bornes de ces deux autorités font, non dans les choses, mais
dans leurs rapports; & comme ces rapports font fondés sur l'ordre immuable
de Dieu même, & fur des destinations
qui étoient l'ouvrage de fa fagesse, qui
osera dire qu'une possession contraire à
cette liberté & de l'Eglise & des Princes
& de leurs sujets, ait pu dans aucun
pays fonder un titre, ou devenir un
droit?

Que reste-t-il donc à souhaiter pour
que les avantages, dont nous jouissons en
France, deviennent communs à tout
l'univers chrétien? une seule chose,

Monfieur, c'eft que la doctrine de nos
Evêques & de nos Magiftrats foit déformais le *Palladium* de toutes les Nations
qui croient à l'Evangile. Or, n'en doutez
point, nous fommes à la veille de voir
opérer cette grande révolution, & j'ofe
vous prédire, en obfervant le cours naturel des chofes, que d'ici à dix ans il
n'y aura pas une Nation chrétienne en
Europe, pour laquelle il ne foit évident
que, fi ni le Pape ni les Evêques n'ont
jamais eu le droit de commander aux
Souverains de defcendre du trône, ils
n'ont pas eu d'avantage celui de leur
enjoindre de faire brûler ou dépouiller
leurs fujets.

Que conclure de tout ceci, Monfieur?
Je me réfume, & voici où j'en voulois
venir. Il eft déformais inutile de prêcher
la Tolérance aux trois quarts des Nations catholiques; & dans les pays
même où l'Inquifition paroît encore
affife au milieu des buchers, ce tribunal
redoutable qui, plus que jamais aujour-
d'hui, doute de fon pouvoir, ne peut
plus tenir ni contre l'univerfelle récla-
mation de tous les Etats de l'Europe, ni
contre la confcience des Princes, dont
la politique lui laiffe encore quelqu'ac-

tivité. Il eſt impoſſible que l'Eſpagne, le Portugal, l'Italie ſe refuſent long-tems à la clarté des lois divines & humaines qui proſcrivent les *Autodafé*.

Mais cette Tolérance à laquelle nous ſommes enfin parvenus, n'eſt-il pas poſſible auſſi d'en abuſer ? Ne peut-elle pas elle-même dégénérer en licence ? Les hommes iront-ils toujours d'un excès à l'autre, & celui dont il eſt le plus important de nous occuper aujourd'hui, n'eſt-il pas celui qui, livrant tous les Etats à la promiſcuité des cultes, finiroit par y rendre toute Religion indifférente, & anéantiroit par-là le plus grand des avantages que le Chriſtia-niſme a procurés à tous les Gouverne-mens ? J'ai expoſé ma façon de penſer ſur la Tolérance ; mais cette vertu a, comme toutes les autres, ſa meſure & ſes bornes, & je vais tâcher de les indiquer.

§. I I I.

Des Règles, de la Meſure & des Bornes de la Tolérance.

LA Religion chrétienne eſt eſſentiellement tolérante ; je crois l'avoir prouvé.

Le miniftère paftoral n'a reçu de J. C. ni le glaive, ni la puiffance coactive ; j'en ai conclu qu'il n'y a eu que la puiffance civile qui ait pu devenir perfécutrice, foit en fe prêtant à des intérêts, foit en adoptant des préjugés, les uns & les autres étrangers à la Religion.

Notre confcience & notre acquiefcement intérieur foit aux vérités, foit aux erreurs que l'on nous enfeigne, font effentiellement libres. L'autorité publique confiée aux Souverains ne peut rien fur les ames.

Si donc nous confidérons la Religion comme renfermée dans le fond de nos cœurs, & ne fe produifant que par l'adoration que nous devons à Dieu, & par la pratique des devoirs que fa loi nous préfcrit, elle échappe à l'empire des lois civiles ; elle ne peut offenfer les Princes, elle ne peut que les fervir, en rendant leurs fujets plus juftes & plus dociles.

Mais l'homme eft deftiné à vivre en fociété. Tout ce qu'il fait en famille, il le fait avec fes frères, & furveillé par le père commun ; tout ce qu'il fait au milieu de la nation dont il eft membre, il le fait avec fes concitoyens, & furveillé par le Souverain ou le Magiſtrat.

Ici nait le culte religieux', qui n'eſt autre choſe que l'hommage public d'adoration & de reconnoiſſance que les hommes, raſſemblés par une légiſlation commune, ont dû au Créateur, au Bienfaiteur, au Sauveur du genre humain.

Dans cet état d'aſſociation, tous les droits & les devoirs naturels de l'homme individuel, ne ſont point changés. La Morale eſt la même; la Religion qui l'éclaire & le guide, lorſqu'il ne vit qu'avec ſon frère, eſt encore ſa règle, lorſqu'il s'agite au milieu d'un grand Peuple; mais elle acquiert un nouveau caractère : car ſans ceſſer d'être ce qu'elle étoit déja, règle des conſciences pour conduire au ſalut, elle devient, par la nature des devoirs extérieurs qu'elle préſcrit, une règle publique & uniforme qui donne plus de conſiſtence à l'ordre ſocial, facilite le gouvernement par l'inſtruction, excite la bienfaiſance des Souverains, encourage la docilité des ſujets, en préſentant à l'une & à l'autre des motifs plus élévés & plus ſûrs.

C'eſt alors que les lois de l'Egliſe qui ſe rapportent à l'exercice extérieur de la Religion deviennent, par la ſanction du

Prince, autant de lois de son Empire. Les Solemnités qu'il protège, les Temples où il permet qu'elles se célébrent, sont autant de moyens de réunir ses sujets, & de les convaincre par une heureuse habitude, qu'ils ne forment qu'une seule & même famille, dont les intérêts, de quelque nature qu'ils soient, ne peuvent jamais être séparés. C'est alors qu'heureuse & paisible, une Nation ne connoît, & dans cette vie & dans l'autre, qu'un seul but vers lequel elle se croit obligée de marcher, sous les ordres du même Souverain, sous la direction des mêmes Pasteurs, & sous l'empire des mêmes lois.

Cet ordre extérieur & public est tout ce que la puissance civile doit appercevoir dans la Religion : il n'est point l'ouvrage du Prince, mais celui-ci, comme Chrétien & enfant de l'Eglise, s'y soumet lui-même ; comme Souverain il le protège, & il en doit l'exercice à ses sujets, parce qu'ils sont Chrétiens & Catholiques comme lui.

Mais s'il le doit à ses sujets qui sont Catholiques, peut-il gêner la liberté qu'ils ont de ne l'être pas ? N'ont-ils pas le droit d'embrasser la Réligion qu'ils

croient la meilleure ? & dès là le Souverain , fans pénétrer dans l'intérieur
des confciences , & précifément parce
qu'il n'eft point juge des opinions , ne
leur doit-il pas également l'exercice de
tous les cultes, auxquels ils croiront leur
falut attaché ?

Pour réfoudre cette queftion , il eft
d'abord néceffaire d'expliquer nettement les termes fous lefquels on la propofe.

Qu'entend-on par *embraffer une Reli-*
gion ? Sera-ce fimplement en croire la
doctrine , être perfuadé qu'elle eft la
meilleure , ou même qu'elle peut feule
nous procurer le bonheur de l'autre vie ?
Si l'on s'en tient là , qui pourroit douter
de l'impuiffance des Tyrans les plus
farouches & les plus infenfés ? Quel eft
l'homme à qui Dieu ait donné quelqu'empire fur l'ame de fon frère ? cette
puiffance fur les efprits , l'Être fuprême
qui les a créés , fe l'eft réfervée : lui feul
connoît & leur montre cette raifon qui
les fubjugue infailliblement ; & lors
même que l'homme s'égare , il fuit librement le phantôme que fon imagination
lui préfente , & à l'aide duquel fon intérêt ou fes paffions le féduifent. La foi
des

des Martyrs, celle même des Apostats ne fut jamais enchaînée. L'autorité des persécuteurs ne pouvoit enlever aux premiers, & conserver aux seconds, que leur état, leurs biens & leur vie. Que l'autorité des Princes conserve tous ces biens à ceux qui ne croient pas comme à ceux qui croient, & dans tous les Etats l'homme sera libre d'aller au Ciel ou de s'en écarter. Cette Religion intérieure à laquelle il acquiesce & se soumet, sera pour les uns une grace de Dieu, pour les autres l'erreur de leur imagination : à cet égard rien ne peut être forcé par le Prince.

Mais cette Religion, quelle qu'elle soit, ne prescrit-elle pas des devoirs extérieurs ? n'a-t-elle pas un culte & des sacrifices ? ne suppose-t-elle pas le ministère de la parole, le devoir de l'entendre ?

Le Christianisme avoit tout cela pendant les trois premiers siècles de l'Eglise; il se répandoit par toute la terre, & nulle part les Pasteurs ne jouissoient de la liberté de leur ministère. C'étoit dans des lieux souterrains que se célébroient les sacrifices : c'étoit sans l'aveu du Prince que les premiers fidèles s'assem-

H

bloient pour être inftruits, & que les
Pafteurs veilloient fur les mœurs & fur
la difcipline de leurs troupeaux.

Leur charité fouhaitoit fans doute la
converfion des Princes, leur miffion leur
en faifoit un devoir ; mais jufques là
ils ne leur demandoient ni des temples,
ni une protection ouverte. Ils ne con-
teftoient rien aux Empereurs ; & ceux-ci,
en écartant de leurs Etats le culte & les
affemblés des Chrétiens, prenoient bien,
par ignorance, un mauvais parti, mais
n'excédoient point les bornes de leur
pouvoir ; car le culte de la Religion
chrétienne ne faifoit point encor partie
des loix de l'Empire : les Peuples étoient
libres de fe convertir à la foi, de pro-
feffer même le Chriftianifme, mais non
d'avoir, fans la permiffion du Prince,
des temples, des fêtes publiques, & des
affemblées folemnelles.

Quel fut donc le véritable reproche
que firent aux perfécuteurs, les apolo-
giftes de la Religion chrétienne ? Ce fut
de dépouiller & de faire mourir ces
Chrétiens qui, fans violer aucune des
loix de l'Empire, affiftoient en fecret
aux faints Myftères, & contribuoient
par leurs aumônes à l'entretien des

Pafteurs que J. C. avoit chargés de les inftruire.

Si après la converfion de Conftantin, lui & fes fucceffeurs euffent employé à leur tour la violence pour faire entrer les Payens dans le bercail de l'Eglife, s'ils euffent répandu le fang & confifqué les biens des adorateurs de Jupiter, ils euffent été, comme Domitien, injuftes & cruels; mais ils uférent de leur droit en donnant des Temples aux Chrétiens; & lorfque la Religion, chrétienne fut devenue la Religion de l'Empire, ils purent également renverfer ceux des faux Dieux, & ne fouffrir dans tous leurs Etats d'autre culte public que celui que prefcrit l'Evangile. Obfervez même qu'ils ne prirent ce parti, que lorfque l'Idolatrie ne fut plus que l'habitude du vulgaire répandu dans les campagnes. Du tems de Julien, le Paganifme n'avoit plus pour fauteurs, parmi les gens inf-truits, que ceux qui, fous le nom de Philofophes, étoient ennemis du Chrif-tianifme, fans ajouter aucune foi aux myftères de la Mythologie.

Alors ce qui reftoit de Payens, auroit-il eu le droit de demander au Gouver-nement l'exercice public de leurs vieilles superstitions? Non, sans doute, & l'Empereur n'eût pas manqué de leur répondre, je ne vous persécuterai point, parce que vous n'êtes point éclairés. Vous jouirez de tous vos droits de citoyens, je ne toucherai à aucune de vos propriétés ; mais comme Souverain, je ne connois qu'une Nation, & je ne dois qu'un culte ; car toutes les lois qui doivent recevoir de moi la sanction & l'exécution publiques, doivent être uniformes.

Cette maxime vraie alors, l'est encore aujourd'hui : ainsi, Monsieur, si par ces mots, *embrasser la Religion qu'on croit la meilleure*, on entend non seulement la croire & s'y conformer dans le secret & dans l'intérieur de sa famille, mais encor former dans la Nation une société particulière, reconnoissable par un culte public, & par une législation religieuse qui la différencie, & la sépare de de la grande association ; on donne trop d'extension à cette idée de liberté politique, que le Monarque est obligé de maintenir & de protéger. Tout sujet du Prince doit jouir de la liberté qu'il tient de la nature. Il est le maître de croire ou de ne pas croire ; il peut se sauver

comme il voudra ; & si son infidélité
ne cause aucun trouble dans la société,
il n'a d'autre punition à craindre que
celle que Dieu peut lui destiner dans
une autre vie ; mais il ne peut dire au
Souverain : « Vous me devez, & j'ai
» droit de vous demander les moyens
» de professer publiquement une Reli-
» gion différente de la vôtre » ; &
celui-ci ne se croira jamais obligé de
souffrir dans son Empire autant de Temples qu'il y aura de rites différens, autant
de sociétés religieuses qu'il y aura d'opinions dans ses Etats. Il doit à tous la
liberté de conscience. Que dis-je, il la
doit ? Il est impossible qu'il lui fasse
violence tant qu'il ne sera ni injuste ni
cruel ; mais il ne doit à la Nation que
le culte de la Religion nationale.

Combien ces vérités, si elles eussent
été connues, eussent épargné de troubles
& de pertes aux Etats! Croyez-moi,
Monsieur, si l'on a enlevé à la France
une partie de ses citoyens, & leurs ri-
chesses, & leur industrie, ce n'est pas
en détruisant les Temples accordés aux
Huguenots, c'est en voulant les forcer
d'entrer dans les nôtres ; c'est en confis-
quant leurs biens, c'est en s'emparant

de leurs enfans; c'eſt en les privant, non des ſecours d'une ſociété religieuſe, mais des avantages de l'aſſociation civile qu'on les a fait renoncer à leur patrie.

Aujourd'hui que les deux Puiſſances ſont d'accord & ſur les maximes que l'Evangile nous préſcrit, & ſur les lois eſſentielles qui caractériſent, dans tous les Etats, un gouvernement juſte & raiſonnable; aujourd'hui que l'Europe n'a plus rien à craindre ni des vieilles prétentions de la Cour de Rome, ni de ce zèle exterminateur dont nos Princes ſe rendirent les intéreſſés & les trop dociles miniſtres; aujourd'hui, enfin, que nos libertés de l'Egliſe Gallicane ſont à peu près devenues, ſinon le droit public, au moins la doctrine générale de tous les Etats Chrétiens, que de biens il eſt poſſible de faire à la Religion & aux Gouvernemens! que de murs de ſéparation on pourroit détruire! que de vaines terreurs il ſeroit facile de diſſiper! & tout cela au moyen de cette Tolérance ſi vantée, mais ſi mal entendue, & plus mal encore pratiquée par les Philoſophes. Je viens d'indiquer les bornes de cette vertu, & je les ferai encore mieux appercevoir en développant le principe dont elle n'eft elle-même qu'une conféquence.

Ce que Dieu a défendu à tous les hommes, il l'a également défendu aux Souverains ; & ce que Dieu a donné à tous les hommes, il n'y a aucun Prince qui ait le droit de les en priver. De ces deux maximes dérivent tous les devoirs généraux du Monarque. Ici la différence des doctrines (*a*), celle même des cultes, ne peuvent ni affoiblir l'engagement, ni en dénaturer les effets.

Le Souverain qui, bien convaincu de ces vérités, en aura médité toutes les

_____

(*a*) Cette belle & grande vérité, je la retrouve dans le confeil que S. Louis revenant de fa première Croifade, reçut à Yères d'un pieux Cordelier avec qui il voulut s'entretenir : Au Roy après commença il à parler, & lui donna enfeignement à tenir, que s'il vouloit longuement vivre en paix, & au gré de fon Peuple, qu'il fût droicturier : & difoit qu'il avoit leu la Bible & les autres livres de l'Efcripture fainte, mais que jamais il n'avoit trouvé, *fûſt entre les Princes & hommes Chrétiens, ou entre les Mefcréans*, que nulle terre ne feigneurie euft été transférée ne muée par force d'un Seigneur à autre, fors que par faulte de faire juftice & droicture. *Hiſt. de S. Louis par Joinville.* éd. de 1668, p. 117.

conféquences, connoîtra & la nature,
& la deftination, & la mefure de fon
pouvoir : il fe dira à lui-même : je ne
donne rien aux hommes ; mais Dieu m'a
chargé de leur conferver tout ce qu'ils
tiennent de lui ; je dois donc étudier
l'ordre qu'il a mis dans la fociété, les
droits qu'il a donnés à chaque individu,
les lois par lefquelles il a voulu que les
hommes réunis travaillaffent à leur bonheur. Cet ordre, ces droits & ces lois,
voilà ce qu'il faut que je connoiffe ; voilà
la fource où je dois puifer tous les biens
que je puis verfer fur la terre.

Cet ordre fuppofe l'unité, & ne fub-
fifte que par l'enfemble : car c'eft par
cet enfemble que Dieu a voulu entretenir la fociété, foit dans les familles qui
ont uni les individus, foit dans les nations qui ont réuni les familles. Tout
royaume divifé périra ; & au moral
comme au phyfique, féparer, c'eft détruire.

Il réfulte de ces vérités, que le Souverain doit procurer à fes fujets tous les
moyens que la nature leur donna de s'affembler, de s'unir & de s'aider récipro-
quement. Il en réfulte également qu'il
ne leur doit rien de ce qui peut les dé-

funir, les féparer, les rendre étrangers les uns aux autres. Si leurs intérêts, fi leurs opinions, fi leurs paffions les divifent, le devoir du Souverain eft de faire enforte que du moins ils reftent unis par les liens extérieurs, que maintient & conferve la légiflation publique.

Or dans un État, le culte extérieur de la religion fait partie de cette légiflation publique. Les hommes vont au ciel, mais leur route eft fur la terre. Ce ne font pas les Rois qui l'ont tracée, un Dieu Sauveur en a marqué la direction ; mais ce même Dieu créateur & confervateur, a voulu qu'elle paffât fur ce domaine, où il avoit, pour le bonheur de la fociété, chargé les Souverains de faire régner la juftice & la paix. Leurs fujets fe fauvent-ils un à un (que l'on me permette ce terme) par leur feule juftice intérieure, par la pureté de leur foi, par l'ardeur de leur charité, par la grace des Sacremens que difpenfent des pafteurs inconnus & cachés ? le culte public & folemnel n'exifte point encore : la puiffance publique tolère, mais ne protège point ; & tel fut l'état des Chrétiens, dans les intervalles de liberté dont ils jouirent pendant les trois

premiers fiècles du Chriftianifme. Mais
la nation a-t-elle une fois authentique-
ment & folemnellement voué fidélité à
la religion de l'Evangile ? les fujets du
Prince s'avancent-ils en corps d'Eglife,
pour ainfi dire, & fous les drapeaux d'une
religion dont le culte préfcrit par les Pafteurs, & devenu par la fanction du Prince
une partie des lois de fon empire, tient
à fa police, & contribue, de fon aveu, au
bon ordre qui doit y régner ? c'eft alors
que le Monarque, comme fuprême ad-
miniftrateur de l'Etat, doit aux lois reli-
gieufes, & à la hiérarchie eccléfiaftique,
la même protection, la même exécution
qu'il doit aux ordonnances de fes prédé-
ceffeurs, aux coutumes de fon royaume,
à l'ordre graduel des magiftratures. Il
n'eft point le Pafteur de fes fujets, ce
n'eft que comme Souverain qu'il protège ; & dès-là, il doit protection non
à plufieurs Eglifes, mais à une feule, non
à tous les cultes arbitraires que la licence
voudra établir dans fes Etats, mais au
culte feul qui fe lie avec les lois nationa-
les, & leur eft, pour ainfi dire, incorporé.

Et pourquoi cette unité de culte dans
une nation où il peut y avoir tant d'opinions différentes ? le voici : c'eft que fi

le Roi ne protège que comme Souverain, la religion n'eft protégée que comme religion, c'eft-à-dire, comme l'ouvrage de Dieu, & non comme celui de l'homme : or, je l'ai déja dit, les hommes ont pu fe former différentes fuperftitions, mais il eft impoffible que Dieu ait voulu donner aux hommes plufieurs religions, ni par conféquent que les Rois foient obligés d'en protéger plus d'une.

Que fera donc le Souverain qui promettra à tous les cultes religieux une protection égale? De deux chofes l'une, ou il finira par ne commander qu'à des peuples indifférens fur le choix d'une religion, ou ces peuples, s'ils continuent de regarder la religion comme l'ouvrage de Dieu même, & comme un intérêt fupérieur à tout autre intérêt ou public, ou privé, fe partageront néceffairement en fociétés rivales & jaloufes, qui finiront par fe haïr. Ce double danger qui naîtra du même excès, les Princes en retrouveront les preuves dans l'hiftoire. Il n'appartient qu'à elle de les éclairer fur leurs intérêts ; & moi, je n'ai voulu vous prouver qu'une feule vérité, qui tient à la morale de tous les gouvernemens; c'eft que de cette tolérance qui dé-

fend la perfécution , & dont la raifon ,
l'humanité , l'Evangile font une loi à
tous les Souverains , on ne peut induire
l'obligation de protéger toutes les religions , & de permettre tous les cultes.

Telle eft fur cette grande queftion , qui
a été traitée de tant de manières & par
tant d'auteurs différens , la ligne de dé-
marcation qui fépare le jufte de l'injufte,
la liberté raifonnable des écarts de la
licence , & la fage politique du Prince
d'avec l'indifcrète témérité des confeils
enthoufiaftes qu'il peut recevoir. Il doit
à tous fes fujets indiftinctement tout ce
qu'ils ont reçu de la nature , la vie , la
liberté , la fureté des propriétés. Tout
citoyen , quelle que foit fa religion, a un
droit individuel à ces fortes de biens ;
mais à tout ce qu'il ne peut tenir que
des bienfaits du Prince , & non de fa
juftice exacte , il n'a qu'un droit commun avec le corps de la nation , dont il
ne doit jamais fe féparer. Le Monarque
ne lui doit que ce qu'il doit uniformé-
ment à tous : l'exception feroit une grace,
& non une règle , une dérogation,
& non une loi générale , & tôt ou tard
on difputeroit pour favoir quels font
ceux qui en doivent profiter. Tel eft le

culte particulier d'une société religieuse qui au moins sous ce rapport veut être distinguée, & même séparée de la société générale. Le Monarque a sans doute le pouvoir de lui accorder cette marque de distinction ; mais la destination de l'autorité souveraine ne lui en fait point une loi ; & s'il l'accorde, je craindrai toujours pour lui qu'il n'ait quelque jour de justes motifs de s'en repentir : car, sur cela, s'il étoit dans la suite obligé de révoquer ses ordres, il reconnoîtroit bientôt, à la nature des obstacles par lesquels il seroit arrêté, qu'il lui est toujours plus facile de refuser un bienfait, lorsqu'il est libre de l'accorder, que de le révoquer, lorsque la jouissance en a fait une espèce de propriété.

Je viens, Monsieur, de vous exposer librement & les avantages que doit naturellement procurer à tous les Etats Chrétiens, ce système de tolérance que les Princes paroissent adopter aujourd'hui, & la mesure que leur sagesse doit prescrire à leur condescendance, s'ils veulent que la religion soit, comme elle a dû l'être dans tous les tems, le plus ferme appui de leur autorité, le plus sûr garant de la fidélité & de l'obéissance de leurs fujets. Que n'ai-je le tems de vous prouver combien cette tolérance même, telle que l'Evangile & la raifon la prefcrivent à la puiffance publique, doit contribuer à rendre à la puiffance paftorale, & l'exercice de tous fes droits, & la liberté de remplir tous les devoirs de fa miffion divine !

Jefus Chrift n'a point voulu que l'on févît par le glaive contre ceux qui rejetoient fa doctrine, mais il a voulu que fes Apôtres & leurs fucceffeurs fuffent libres de la répandre & de l'enfeigner. Ceux-ci n'ont pas eu befoin de l'autorité des Princes pour étendre l'empire de la foi : difpenfateurs de la grace des Sacremens, feuls ils ont jugé des difpofitions néceffaires pour les recevoir, feuls ils ont ouvert l'Eglife aux Fidèles, feuls ils l'ont fermée aux impies & aux pécheurs. Les cenfures qu'ils ont prononcées n'ont retranché qui que ce foit du corps de la fociété civile, & c'eft pour cette raifon même que qui que ce foit n'a dû implorer le fecours du Prince (a),

---

(a) On ne parle ici que des effets fpirituels de l'excommunication. Car le recours au prince a été de droit, dès que l'on a voulu donner

pour être rétabli dans la jouiſſance des biens ſpirituels, dont l'excommunication le déclaroit indigne.

Qu'ont donc gagné les Paſteurs à cet échange funeſte, qui en confondant les autorités, en dénatura l'uſage ? Les Souverains ont repris ce qui leur appartenoit ; l'Egliſe n'a point recouvré la pleine & entière jouiſſance de ce qui étoit à elle. On a ceſſé de craindre ces effets illuſoires que l'on attachoit aux cenſures de l'Egliſe, & on a mépriſé les effets trop réels de ce jugement terrible qui, ſans rien déranger ſur la terre, ferme au pécheur l'entrée du Ciel, & le prive des graces qui y conduiſent.

Combien furent imprudens & ces Pontifes qui crurent pouvoir ôter & donner des couronnes, & ces Evêques qui voulurent tantôt que les débiteurs du fiſc de l'Egliſe devinſſent l'objet de ſes Cenſures, tantôt que les tribunaux laïques ſaiſîſſent les biens de ceux qui ne ſe faiſoient pas abſoudre du crime d'héréſie! Les folles prétentions de la Cour de Rome ont diſparu. Eſt-il revenu ce reſ-

----

aux cenſures des effets qui pourroient changer ou altérer l'état civil des citoyens.

peſt profond & légitime que les Nations
chrétiennes avoient autrefois pour le Père
commun des Fidèles? Avec quelle dou-
leur les Papes ne peuvent-ils pas ſe dire
aujourd'hui, que c'eſt pour avoir voulu
faire des Rois, qu'il leur eſt maintenant
ſi difficile de faire des Chrétiens & des
Saints! On redoutoit trop les écarts &
les abus de leur autorité. A peine s'oc-
cupe-t-on aujourd'hui de ce qu'elle peut
ſe permettre ſans injuſtice, & de ce
qu'elle doit oſer avec courage pour
remplir le premier de ſes devoirs.

O! que j'aimerois à voir marcher
d'un même pas, à la ſuite des grandes
vérités qui ont éclairé notre ſiècle &
celui qui l'a précédé, la bienfaiſance
des Souverains, & la charité des Paſteurs, le bonheur des Etats & l'indul-
gente piété des Chrétiens! Si l'on ne
conſulte que les progrès que la raiſon a
faits dans preſque tous les Etats de l'Europe, ce temps approche, peut-être y
touchons-nous déja. Je n'examine ni les
droits, ni les devoirs politiques du
Clergé, dans les Etats où il compoſe une
partie intégrante & eſſentielle de la Nation; je n'ai rien à dire ſur ſes richeſſes
dont les Souverains peuvent ſurveiller
l'emploi

l'emploi, dont ils ne peuvent fans injuftice lui ravir la propriété, & dont le
facrifice même ne détruiroit ni la puiffance, ni la miffion qu'il a reçue de J. C.
Je n'envifage que fon miniftère paftoral;
& c'eft aujourd'hui plus que jamais que
les Princes, qui n'ont rien à craindre de
fes entreprifes, ne peuvent trop le faire
refpecter & chérir: c'eft de concert avec
ce miniftère de paix & de charité, c'eft
en lui accordant toute la protection qui
lui eft due, toute la liberté dont il a
befoin, qu'ils peuvent, qu'ils doivent
même placer fous la fauve-garde de la
Religion, & à l'abri de la morale de
l'Evangile leur propre toute-puiffance,
la liberté de leurs Peuples, & que fais-
je? peut-être la paix & le bonheur de
l'univers. Je m'arrête, Monfieur; ici
trop d'idées fe préfentent à mon efprit,
une carrière trop vafte femble s'ouvrir
devant cette imagination ardente que
vous avez réveillée; & déja un peu
effrayé de tout ce que je vous ai dit,
je rentre dans le filence qui convient à
mon âge & à mon état. Recevez l'hommage des fentimens avec lefquels je
fuis, &c.

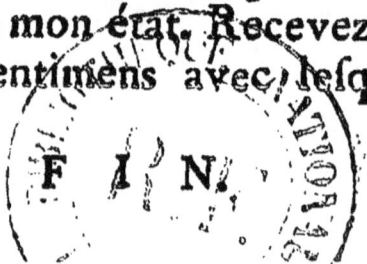

F I N.

www.ingramcontent.com/pod-product-compliance
Lightning Source LLC
Chambersburg PA
CBHW070405090426
42733CB00009B/1540